방승호 선생님의 **마음톡**Talk 심리상담

게임에 빠진 아이들

마음톡!

방승호 선생님의 **마음톡** Talk 심리상담

게임에 빠진 아이들

방승호 저

방승호 선생님의 마음톡 심리상담

게임에 빠진 아이들

1판 1쇄 인쇄 2017년 3월 20일
1판 1쇄 발행 2017년 3월 27일

지은이 | 방승호
펴낸이 | 모흥숙
펴낸곳 | 상상채널
출판등록 | 제2011-0000009호

_이 책을 만든 사람들
편집 | 이경혜, 이지수
기획 | 박윤희, 박은성
그림 | 김병용

종이 | 제이피시
제작 | 현문인쇄

주소 | 서울시 용산구 한강대로 104 라길 3
전화 | 02-775-3241~4
팩스 | 02-775-3246
이메일 | naeha@unitel.co.kr
홈페이지 | http://www.naeha.co.kr

값 15,800원
ⓒ 방승호, 2017
ISBN 978-11-87510-02-4

_〈상상채널〉은 "내하출판사"의 교육서 및 실용서 출판 브랜드입니다.
_이 책은 저작권법에 따라 보호받는 저작물이므로 무단전재 및 복제를 금합니다.
_잘못된 책은 바꾸어 드립니다.

이 도서의 국립중앙도서관 출판예정도서목록(CIP)은 서지정보유통지원시스템 홈페이지(http://seoji.nl.go.kr)와
국가자료공동목록시스템(http://www.nl.go.kr/kolisnet)에서 이용하실 수 있습니다.(CIP제어번호 : CIP2017005386)

방승호 선생님의 **마음톡 Talk** 심리상담

게임에 빠진 안이들

방승호 저

게임하는 우리 아이, 도대체 무슨 생각을 하고 사는 걸까?

게임하는 아이와 불안한 부모의 **상담사례 수록**
통쾌한 소통법! 게임 관련 궁금증 Q&A

상상채널

Prologue

게임에 빠진 아이들과 인연을 맺게 된 지 어느덧 10여 년이 흘렀다. 이 책의 모티브는 아이들과의 첫 만남 때부터 운명처럼 시작되었다. 운명이 아니라면 게임과 관련된 많은 일들과의 관계를 설명할 수가 없다.

인연이 시작된 곳은 교감으로 첫 부임한 마포의 아현산업정보학교였다. 이 학교는 서울에 있는 인문계고등학생을 대상으로 직업교육을 하는 공립학교다. 고등학교 2학년 때 직업교육을 희망하는 학생들을 선발하여 고등학교 3학년 1년 동안 위탁교육을 하는데, 주로 공부 외의 다른 것에 관심을 두는 아이들이 모이는 곳이다.

그 당시 나는 놀이를 활용한 새로운 상담기법인 모험놀이에 푹 빠져 있었다. 기존의 상담 기법에서 벗어나 재미를 기반으로 움직이며 노는 모험놀이는 배우기도 쉽고 실제로 적용하는 것도 어렵지 않아 줄곧 학교 상담에 적합하다는 신념이 있었다. 모험놀이에는 아이들에게 가장 중요한 요소인 재미와 즐거움이 내재되어 있기 때문이다.

지속적으로 아이들과 상담을 하다보니 아이들이 언제 공부를 포기하게 되었는지, 포기한 이유가 무엇인지 궁금해지기 시작했다. '이번에 그 이유를 알아보자.' 결심하고 전교생 상담을 시작했다.

100여 명 이상 상담을 하면서 아이들이 공부를 포기하는 시점은 가정생활에 어려움이 생겼을 때라고 확신하게 되었다. 그 시기를 겪으면서 불안과 두려움을 잊기 위해 의존한 것 중 하나가 게임이었다. 또한 대다수의 아이들이 게임의 늪에 빠져 자책하거나 마음이 위축되어 있었다.

이런 아픔을 어떻게든 해결하기 위한 방안의 하나로 'e-스포츠과'를 신설하게 되었다. 실제로 아이들의 문제가 게임 자체의 문제가 아니라는 확신이 있었고, 게임은 게임으로 해결해보자는 '이열치열'의 개념으로 아이디어를 실행에 옮긴 것이다.

곧바로 학교에 PC방 수준의 시설을 만들었다. 딱딱한 교실 분위기를 탈피하여 아이들의 만족도를 높이기 위해서다. 초창기는 학교 PC방에서 하는 수업에 적응하지 못하고 자신도 모르게 분노를 표출하거나 대드는 아이들 때문에 어려움이 많았다. 하지만 아이들은 놀라울 정도로 빨리 적응했고 안정감을 되찾아 자신의 잠재력을 발휘하기 시작했다. 솔직히 학과를 만들 때만 해도 무사히 졸업을 시키는 것이 묵시적 목표였다. 그런데 아이들은 마치 기다렸다는 듯 자신의 껍질을 벗고 변화하며 성장해 갔다. 그 결과 졸업생 중에 게임 프로 선수도 배출되었고, 전문대학에 진학하기도 하였으며, 게임 관련 회사에도 취업을 하였다.

이를 계기로 아이들을 단순한 생활지도 차원으로 바라보았던 나의 시각은 완전히 바뀌었다. 포기만 하지 않으면 가능성은 충분히 열려 있었다. 간혹 아이들에게 중독이라는 단어를 사용하는 사람도 있지만, 그 동안의 경험으로 비추어 '가방만 들고 학교에 오면 중독은 아니다.'라는 확신이 생겼다. 어떠한 문제를 가진 아이도 학교에 오기만 하면 변화할 가능성이 존재한다. 아이들의 마음 속엔 우리가 외면하고 발견하지 못한 꿈이 웅크리고 있기 때문이다.

게임 상담의 경험들은 예기치 못한 뜻밖의 선물들을 주었다. 2016년 11월에는 싱글 앨범 '게임송' 〈Don't worry〉를 발표했는데 많은 언론에서 관심을 가져 주었다.

Don't worry

하루 종일 앉아 게임만 하는 것 그것이 전부였어

따가운 시선과 지겨운 잔소리 하지만 후회 없어 너라면 할 수 있어

...

게임송 〈Don't worry〉의 첫 부분이다. 상담하면서 들었던 말들을 가사로 옮겼는데, 아이들은 주변의 '따가운 시선'을 가장 힘들어 했다. 하지만 아이들에게 내일은 오늘보다 더 나아지기를, 따가운 시선은 따뜻한 응원으로 바뀌길 간절히 희망한다.

지금도 게임과 관련된 재미있는 일들이 끊임없이 이어지고 있다. 지난 2016년 2월에는 롤(LOL) 프로팀도 창단했다. 그 중 2명이 지금 프로 연습생으로 들어갔고 다른 아이들도 섭외 중이다. 10월 중순에는 게임제작과 학생 두 명이 보드 게임을 만들어 독일 보드 게임 박람회 '에센 페어'에 참가하기도 했다.

10여 년 동안 축적된 여러 경험들은 내 생각과 행동이 옳은 방향으로 가고 있다는 믿음을 주었다. 점점 밝아지는 아이들의 모습, 어디론가 사라진 불량기, 또 무언가 하고 싶어 하는 눈빛을 보며 막연했던 신념이 확신으로 바뀌며 새로운 일을 추진할 수 있는 원동력이 되었다.

상담을 하면서 게임을 처음 접하는 시기가 중학교 때라는 이야기를

듣고, 중학생들에게도 관련 프로그램을 시도하기로 하였다. 그래서 시작한 것이 마포 관내 중학생을 대상으로 하는 〈게임 과몰입 치유 및 재능개발 프로그램〉이다.

먼저 중학생 대상 게임 교육과정을 만들었다. 취지에 공감한 게임 프로선수들이 적극적으로 참여하게 되었고, 수업 중에 프로선수들과 함께 하는 시간은 아이들에게 인기가 많았다. 여기서 한 발짝 더 나가 1교시에는 게임에 자주 등장하는 영어 단어를 공부하고, 게임이 끝나면 게임 글쓰기도 도입했다. 또 아이들이 접하는 게임 캐릭터가 신화에 기반을 두고 있다는 사실을 알려주며 인문학 공부에도 도전했고, 3교시에는 몸을 움직이는 모험놀이 상담을 진행했다.

놀라운 사실은, 게임 수업이 진행되는 동안 교실 안에서 욕이 사라졌다. 토요일 아침 9시에 시작하는데 지각생도 없었다. 가장 의미 있는 일은 게임 과몰입 사전·사후 검사에서 거의 대부분의 아이들이 게임을 조절하며 즐길 수 있는 단계인 '일반사용군'으로 변화된 것이다. 교직 생활 30년 만에 실감한 맞춤형 교육의 중요성은 나에게 신선한 충격이었다. 이론적으로 알고 있는 것과 실제로 아는 것의 차이는 놀라울 정도로 달랐다. '아! 교육이 이런 변화를 이끌어 낼 수 있는 거구나.'라는 놀라운 체험을 경험한 순간이었다.

이런 변화를 혼자만 알고 있기에는 너무 아쉬워 교장실에 찾아오는 사람들에게 게임 영어, 아이들이 쓴 소감문, 사전·사후 검사했던 내용을 자랑스럽게 소개하고 있다. "아이들이 게임보다 다른 것이 더 재미있대요.", "게임을 적당히 즐길 수 있대요.", "어렵지 않아요."라며 교육했던 내용을 전하며 아이들 중심의 교육 방법을 적극적으로 추천하고 있다.

또한 아이들을 만나 상담한 내용, 변화 과정, 토요일마다 진행한 프로그램 등을 직접 글로 쓰기 시작했다. 아이들의 긍정적인 변화를 세상에 알리고 정보를 공유해야겠다는 생각이 가득했다. 그 내용을 세 장으로 정리해 보았다.

첫 번째 장은 대한민국 모든 부모님들이 궁금해 하는 내용을 간추려 질의 문답으로 구성하였다. 게임이 정말 공부에 방해가 되는지, 아이가 게임에 빠졌을 때 어떻게 해야 하는지, 상담 내용을 기반으로 정리하였다. 또한 다양한 분야의 전문가와 아이들의 소리를 담았다. 이것이 정답은 아니지만 게임 때문에 고민하는 아이들이나 선생님, 그리고 부모님들이 아이들을 새롭게 바라보고 이해하는 데 도움이 되길 바라는 심정으로 구성하였다.

두 번째 장은 게임하는 아이들을 만나 나누었던 속 깊은 이야기를 담았다. 상담한 아이들은 대부분 다른 친구들보다 게임에 깊이 빠졌던 경험이 있는데, 그 중에는 수준 높은 선수가 될 가능성이 다분한 아이도 있다. 상담하면서 느낀 바는 모든 아이들이 선하고, 뜨거운 열정이 있다는 사실이다. 무언가 보이지 않는 꿈을 향해 달리고 있지만, 현실적으로 출구가 보이지 않아 갈등을 겪고 있었다. 상담한 내용을 읽고 내 아이와 대화하는 방법, 그리고 아이의 재능을 살리는 해결책을 찾는 계기가 되었으면 하는 바람이다.

세 번째 장은 모든 어른들에게 당부하고픈 이야기를 써보았다. 이것은 비단 가정뿐 아니라 교육까지 포함된다. 그동안 게임을 너무 무방비한 상태로 방치한 것은 아닌가 하는 생각이 들었다. 게임과 교육의 연결은 매우 중요한 요소이다. 이 책이 게임 교육의 발상을 전환하는 시작점이 되기를 바란다. 게임과 관련해서는 중학교 때가 가장 중요한 시기이다. 아이들의 정신적, 육체적 변화가 두드러지는 시기이기에 학부모는 적극적인 관심을 가지고 올바른 방향으로 이끌어 주어야 한다.

심리학에서 콤플렉스, 불안 등을 치료할 때 제일 먼저 하는 일이 힘들고 아픈 자신의 상태를 인정하는 것인데, 그것이 치유의 시작이라고 한다. 이런 심리학적 맥락에서 아이들이 즐기는 게임을 인정하는 출발점은 아주 중요하다. 게임하는 것을 인정하고 수용을 하니 아이들은 밝은 에너지와 환호성으로 답을 했다. 더 나아가 엄청난 집중력을 보여주었다. 아이들이 글을 쓰기 싫어한다는 선입견도 순식간에 무너졌다. 플레이했던 게임의 전략을 쓰게 하면 자신도 모르게 주어, 서술어로 된 그럴싸한 문장을 만들어냈다. 이처럼 변화된 교육 방법을 통한 접근은 아이들의 눈을 초롱초롱 빛나게 했고 얼굴에 광채를 띠게 했다. 아이들은 게임을 통해서 또 다른 세상을 보고 있었다.

현재 우리 교육에서 가장 중요한 것은 교육 결과에 대한 수치화이다. 나는 이것을 부정할 능력도 자격도 없지만 앞으로 '수치화'를 벗어나는 교육 방향으로 노선이 변경되어야 한다는 사실은 확신하고 있다. 그렇지 않으면 우리의 미래는 어둡고 비극적인 상황을 초래할 것이다.

지금까지 상담하며 프로그램을 만들고 실행한 것은 나였지만, 이렇게 끊임없이 도전하게 만든 것은 아이들이었고 함께 했던 선생님들이었다. 학교 PC방 초창기에 함께 했던 선생님들, 그리고 게임 해설가 윤덕진 선생님, ESC 송성창 대표님, 주반석 상담 선생님에게 감사함을 전한다.

30대 중반에 시작한 상담은 40대를 너머 어느새 50대 중반을 지나고 있다. 20여 년을 지나는 동안 모험놀이 상담은 나의 동반자이자 절친한 친구였다. 또 삶의 한 영역이었으며 열정 그 자체였다. 내가 세상을 살아가면서 할 수 있는 유일한 일이었다. 나의 하루는 아주 단순하고 상담은 내 삶의 일과이다. 그 일을 지금도 적극적으로 할 수 있는 것, 더 나아가 노래와 게임으로 연결된 것은 신의 축복이라 여긴다.

이 책이 게임에 대한 부정적인 생각을 바꾸는 데 도움이 되길 바란다. 또 게임 때문에 힘들어 하는 아이들이 있다면 다른 친구들의 이야기를 듣고 마음의 위로를 얻길 바란다. 게임하는 아이 때문에 고민하는 부모님들에게도 머뭇거리지 않고 아이에게 적극적으로 다가서는 용기를 주었으면 좋겠다.

항상 엉뚱한 상상력을 이해하고 지지하며 격려해 주는 나의 멘토 어머니와 형, 형제들에게 감사함을 전한다. 또 예쁜 우리 공주 서연이와 숙현이, 아내 송영남에게 마음 깊은 감사와 사랑을 전한다. 이번 책을 만드는 데 많은 조언을 해주어 글 쓰는 힘을 보내주신 상상채널 식구들과 대표님께도 진심으로 감사드린다.

저자 방승호

8년 전, 아현산업정보학교에 근무하면서 아이들을 상담하다보니 대다수가 게임을 하고 있었다. 지금이야 게임에 대한 인식이 조금 나아졌지만, 당시만 해도 게임이야말로 공부의 최대 적이며 결코 양립할 수 없는 대역죄인 취급을 받았다. '교육과 게임이 친해질 수는 없을까?', '게임을 잘 하는 건 중독이 아니라 재능이 아닐까?' 그저 작은 반발심으로 시작된 의문은 점점 확고해졌지만 누구도 정답을 주지 못했다. 그래서 오히려 학교에 교실을 마련하여 게임하는 아이들의 재능을 구현해 보자는 역발상을 하게 되었다.

✦

먼저 선발기준을 게임으로 정하고 지원자를 모집하니 경쟁률이 3:1이었다. 합격자들을 살펴보니 게임하는 능력이 아주 뛰어났다. 하지만 이 능력은 환대받지 못했고, 아이들은 거의 게임 중독자에 수업시간에는 잠만 자는 문제아로 취급당했다. 아이들을 바라보는 부정적 시선의 전환이 필요했다. 대한민국에서 가장 좋은 PC방을 교내에 만들기로 마음먹고 인테리어에 신경을 많이 썼다.

✦

아현산업정보학교는 서울의 인문계 고등학교에서 공부가 적성에 맞지 않는 학생들을 2학년 말에 선발하여 1년 동안 위탁교육을 한다. 그리고 졸업장은 원래 다니는 학교에서 받는다. 전교생은 750여 명 정도이고, 14개의 학과가 있다.

　나는 2008년 교감으로 3년을 근무했고, 2015년부터 다시 교장으로 근무하고 있다. 2008년도 e-스포츠 학과의 70% 아이들이 대학에 진학했다. 지금은 게임제작과로 변경되었으며 선발 인원도 6명으로 줄었다. 당시는 스타크래프트과가 30명이었는데, 지금은 롤과가 6명이다. 2017년 신입생은 롤(LOL) 12명을 선발한다. 8년이 지난 일이지만 그 때와 비교하면 게임 산업이 급속도로 팽창·성장하였고, 게임에 대한 대중적인 인식도 높아졌다.

　시간이 날 때마다 학교 PC방을 둘러 본다. 창문을 통해 수업하는 아이들의 모습을 보는데 자는 아이 하나 없다는 게 신기하다. 모두 열심히 수업을 듣고 있다. 그런 아이들에게 "지금 인문계 고등학교 다니고 있다면 뭐하고 있을까?" 하고 물어 보면 아이들은 "자고 있겠죠."라고 대답한다. 수업에 재미를 느끼는 아이들은 쉬는 시간에도 얼굴이 밝다. 그 결과 입학생 중 탈락생이 한 명도 없다. 아이들은 올해 10월 축제에 자체 롤(LOL) 대회를 개최하여 성대하게 치루었다. 처음부터 끝까지 아이들 스스로 계획하고 진행했다. 대회를 치르는 동안 질서와 진행이 깔끔했고 경기 중에는 간간히 함성소리가 터져 나왔다.

☆

　올해 압권은 10월에 독일에 간 아이들이다. 2명의 아이들이 보드 게임을 제작하여 독일 에쎈(ESSEN) 무역전시장에서 열리는 '독일 에쎈 페어'에 참석한 것이다. '레인보우 35'는 아이들이 만든 보드 게임 이름이다. 현재 시중에서도 판매되고 있다. 지난 9월 제주도 교육청에서 실시한 보드 축제에 참가했을 때는 호평을 받았다. 그곳 담당 선생님이 아이들이 친절하게 설명을 잘하고 재미있게 진행한다고 전해주었다. 2016 교육부 행복박람회에도 참석했다. 철구는 평소 게임 디자인과 관련된 직업을 갖는 것이 꿈이었다. 독일에 다녀온 일이 도움이 되었으면 좋겠다.

　지금 막 아이의 꿈이 시작된 것이다.

◆prologue _004

◆신통방통! 아현산업정보학교 _011

게임하는 우리아이 마음톡!  Talk ★

부모의 궁금증 Q&A PART 01

Q1. 새벽까지 게임만 하는 우리 아이 게임 중독 아닌가요? _021

Q2. 아이가 예전에는 착했는데 게임을 하면서 폭력적으로 반항을 해요. _024

Q3. 공부도 안하고 성적이 바닥으로 떨어졌는데 게임 때문인 것 같아요. _027

Q4. 집에서 게임만 하고 밖에 나가 놀지 않아 사회성이 떨어질까봐 걱정이에요. _029

Q5. 게임을 하면서 욕을 하거나 거친 언어를 배우는 것 같아요. _031

Q6. 게임할 때면 학원 갈 시간도 잊어버리고 시간조절을 전혀 못하는데 이럴 땐 어떡하죠? _033

Q7. 꿈이 뭐냐고 하면 '몰라' '없어' 짧게 대답하는데 아무 생각 없어 보여요. _036

★게임과 함께한 나의 성장 스토리 Story 01 _038

Q8. 게임을 하면서 방에 들어가면 나오지 않고 가족끼리도 대화가 없어졌어요. _042

Q9. 게임하는 아이에게 '시간제한'을 하거나 '컴퓨터 금지령'을 내리면 효과가 있나요? _045

Q10. 게임하는 아이에게 절대 하면 안 되는 말이나 행동은 뭔가요? _047

Q11. 폭력적이고 무서운 게임을 하는 것 같은데 이럴 땐 어떻게 해야 하나요? _048

Q12. 아이들이 이렇게까지 게임을 좋아하는 이유가 뭔가요? _049

Q13. 게임을 하는 아이들이 똑똑하다는 새로운 소식이 있는데 정말 그런가요? _051

Q14. 게임과 관련된 직업을 갖고 싶다고 하는데 이럴 땐 어떻게 해야 하나요? _053

Q15. 게임을 수업으로 가져와서 게임으로 수업할 수 있을까요? _055

Q16. 지금까지 게임하는 아이들을 상담하면서 가장 기억에 남는 아이는 어떤 아이였나요? _057

★게임과 함께한 나의 성장 스토리 Story 02 _060

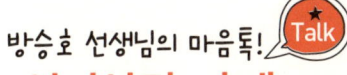

심리상담 사례 PART 02

게임 중독은 부모가 지어준 새로운 이름이다 _069

공부 말고 게임을 꿈으로 선택할 수 있다 _078

등교 거부는 수치심의 또 다른 모습이다 _086

게임은 '금지된 즐거움'이 아니라 아이의 재능이다 _094

방황과 좌절에서 벗어나는 '인생 정거장' 만들기 _099

게임하는 아이들, '게임이 나에게 미치는 영향'에 답하다 _106

게임과 지각을 반복하는, 이유 있는 반항 _112

★게임과 함께한 나의 성장 스토리 Story 03 _122

아이 스스로 성장할 시간이 필요하다 _124

게임 오총사의 꿈을 이루기 위한 행동전략 _132

가정불화 그리고 게임 중독 아이 _138

담배는 스포츠가 될 수 없지만 게임은 스포츠다 _148

게임하고, 열망하고, 게임 제작자를 꿈꿔라 _159

세계 최고로 향해가는 프로 게이머의 생존법 _167

보드 강국 독일행! 보드 게임을 만들어라 _175

아이들이 지키고 싶은 것 1위가 궁금하다 _185

★게임과 함께한 나의 성장 스토리 Story 04 _190

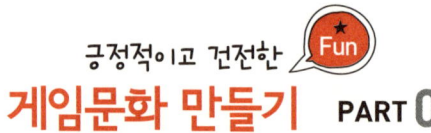

긍정적이고 건전한 Fun
게임문화 만들기 PART 03

학교 PC방 교실 사용법 _195

〈게임 과몰입 치유 및 재능개발 프로그램〉 커리큘럼 _215

게임 재능개발 프로그램 일정 _217

부모의 궁금증 ★
심층질문 Q&A

게임하는 아이, 게임을 통한 가능성 열기 _220
심층질문 01 _e-스포츠 해설가 윤덕진

게임하는 아이, 게임과 삶의 균형 맞추기 _226
심층질문 02 _이스포츠커넥티드 대표 송성창

게임하는 아이, 게임으로 자존감 찾기 _239
심층질문 03 _wee클래스 소속 전문상담사 주반석

방승호 선생님의 마음톡 심리상담 게임에 빠진 아이들

게임하는 우리아이 마음톡!

부모의 궁금증 Q&A

01
PART

Talk ★

새벽까지 게임만 하는 우리 아이 게임 중독 아닌가요?

새벽까지 게임을 하다가도 다음날 학교에 간다면 중독이라고 볼 수 없다. 하지만 이런 일들이 반복되면 결국 학교에 가기 싫어지고, 학교에 간다 해도 수업에 집중하지 못해 성적이 떨어진다. 학교에서도 선생님과 마찰이 생기고 친구 관계도 나빠진다. 그렇다고 밤새 게임하는 아이에게 무작정 게임을 하지 말라고 하면 상황은 더욱 악화된다. 특히 강압적인 방법은 아이가 마음을 굳게 닫는 계기가 되니 세심한 배려가 필요하다. 아이가 마음을 닫아버리면 쉽게 다시 열지 않기 때문에 다가설 방법이 없어 애를 태우게 된다. 아이는 점점 주변 사람들을 의식하면서 '세상에서 나는 쓸모 없는 사람'이라는 수치심을 키우게 된다. 수치심은 럭비공과 같아 마음 속에서 통제 불능으로 작용하며 자신의 의지와 상관없이 분노의 감정을 표출하기도 한다. 이런 상황이 지속되면 친구나 부모님과의 관계도 원만하지 못하고, 학교 생활도 적응하지 못해 무의미한 일상을 반복하게 된다.

대부분의 아이들이 게임에 의존하는 것은 자신의 상황을 회피하고 싶은 마음 때문이다. 회피의 가장 큰 이유는 학교 성적의 중압감으로부터 도망가고 싶거나 친구들과의 관계, 또는 다른 요인들이 서로 연관되어 있는 경우가 대부분이다. 게임을 하면서도 학교에 다니는 아이는 그래도 교정이 가능한 경우이다.

심리학 측면에서 바라보면 어린 시절 부모와의 관계가 부정적으로 형성된 경우에도 종종 회피 현상이 나타난다. 아이들 마음에 부정적인 인식이 쌓이면 타인에게 방어적인 행동으로 표출된다. 이러한 일이 누적되면 스스로 만든 콤플렉스의 틀에 갇히게 되기 때문에 사전에 인지하고 해결 방법을 찾는 것이 매우 중요하다.

아이가 매일 밤 늦도록 게임만 한다면 다음 단계를 생각해 보자.

● **1단계** : 무엇보다 아이와의 충분한 대화가 중요하다. 또한 학교에서 아이에게 스트레스를 주는 일이 없는지 구체적으로 물어보아야 한다. 게임을 하는 이유는 아주 다양한데, 아이들이 세상에서 가장 큰 문제로 인식하곤 하는 '친구관계'가 대표적인 예이다.

고등학교 1학년인 지웅이가 한 달 동안 학급에서 말을 하지 않는다며 담임 선생님이 걱정을 했다. 표정이 어둡고 무슨 말을 해도 대답이 없다는 지웅이를 만났다. 결론부터 말하면 지웅이는 수다쟁이였다. 마음 터놓고 말할 수 있는 친구가 없고 소심한 성격이라 먼저 말을 꺼내지 못한 것이다. 번번히 말할 타이밍을 놓치고만 지웅이에겐 자기 말을 들어 줄 한 명의 친구가 필요했다. 하지만 그런 환경이 만들어지지 않자 마음 속 허전함을 밤새 게임으로 채웠던 것이다.

지웅이와 한 달 정도 매일 점심 시간에 만났다. 1주일이 지난 후부터는 수시로 와서 한참 수다를 떨었다. 이런 모습을 보고 담임 선생님이 신기해 했다. 다른 특별한 방법이 있는 것이 아니라 아이와 실컷 논 게 전부다. 어색해 하는 아이와 '팔씨름', '발등 밟기', '양손 잡고 함께 일어서기'라는 모험놀이를 하니 얼굴에 혈색이 돌고 자신의 이야기를 하기 시작했다. 아이와 원활한 대화를 원한다면 무조건 말을 걸기보다 간단한 놀이부터 시작하고, 아이의 말에 공감하며 들어 주는 것이 가장 필요하다.

● **2단계** : 아이와 대화를 시도하다 성공하지 못하면 학교에 방문해 아이의 학교생활을 세심하게 살펴야 한다. 종종 담임 선생님이 학부모와의 상담을 힘들어 하는 경우가 있는데, 그 이유는 학부모가 알고 있는 아이의 학교 생활과 가정 생활의 '차이' 때문이다. 어머니는 아이가 너무 착하고 약속도 잘 지킨다고 믿는데, 선생님이 아이가 학교에서 매일 잠만 잔다고 하면 우리 아이가 그럴 리 없다고 부정하는 것이다.

민지는 학교에 오면 매일 보건실에서 잠을 자고 거의 음식을 먹지 않다가, 한 번 먹게 되면 폭식을 하여 보건 선생님이 병원에 가서 진단을 받아볼 것을 권유하였다. 은행에 근무하는 엄마는 딸의 행동을 부정하며 믿지 않았다. 엄마를 설득하여 병원에 가서 진단을 받았는데 다행히 특별한 증상은 없었다. 나중에 민지 엄마는 부부 사이가 좋지 않다는 이야기를 살짝 했다.

● **3단계** : 전문상담가에게 상담을 받아야 한다. 가정이나 학교에서 아이 문제를 해결하기 힘든 경우에는 전문가에게 의뢰하는 것이 바람직하다. 망설이다 타이밍을 놓치게 되면 더 어려워진다. 각 학교에 근무하는 상담 선생님을 통해 교육청에서 운영하는 Wee 센터에 의뢰할 수 있다. 요즘은 Wee 센터와 지역 의료기관, 심리센터 등이 서로 업무 협력을 맺고 있어 아이에게 가장 필요한 기관으로 연결이 가능하다.

각 단계가 반드시 정해진 순서는 아니다. 가장 중요한 것은 아이들이 회피의 목적으로 게임에 의존하는 것이 아닌, 재미를 목적으로 게임을 즐길 수 있도록 아이들 입장에서 이해하는 노력이 필요하다.

고등학교 1학년 학생의 할머니가 다급하게 찾아와 상담을 요청했다. 평소 아주 얌전했던 손자가 엄마를 자주 폭행한다는 것이다. 요즘은 학교에도 가지 않는다고 했다. 할머니의 이야기를 다 듣고 난 후 언제든지 아이를 데려오라고 말씀드렸다. 단 무작정 데려오면 오히려 역효과가 날 수 있으니 우리 학교와 나에 대해 호기심을 가질 수 있도록 먼저 설명을 해주라고 하였다. 전교생이 수시로 드나드는 편안한 교장실, 기타를 치며 노래하는 모습, 재미있는 놀이를 통하여 가볍게 상담하는 모습 등이 실린 인터넷 동영상 자료를 보여드리며 마음이 움직일 때 상담을 하자고 제안하였다.

2주 후 엄마와 할머니와 함께 방문한 수종이는 예상과 정반대의 모습이었다. 마른 체구에 과학을 좋아하는 평범한 고등학생이었고, 아주 활발하고 순수한 아이였다. 대학 교수인 아빠와 워킹맘인 엄마 사이에서 유복하게 자란 수종이는 중학교 때부터 게임을 하기 시작했다. 중학교 때까지 과학 성적이 좋았고, 부모님은 아들이 이과에 가서 의사가 되길 바랐다.

큰 기대를 가지고 고등학교에서 갔지만 성적이 따라 주지 않았다. 부족한 과목은 과외를 했지만 성적이 오르지 않아 과외 선생님이 자주 바뀌었다. 그런데도 성적은 쉽게 오르지 않았고 열심히 해 보려던 초기의 마음도 사라졌다. 그 일을 시작으로 가끔 결석하고 지각한 것이 습관이 되어 학교 가는 것이 부담스럽다고 했다. 과외도 자주 빠지고, 저녁 늦게까지 게임을 하다 보니 아침에 일어나지 못해 결석을 하게 된 것이다. 한 번 두 번 빠지는 횟수가 늘수록 학교에 가는 것이 어색해지고, 선생님이 잘해주면 오히려 더 미안해 친구들과도 멀어졌다. 다른 무엇보다 부모님이 기대하는 만큼 성적이 오르지 않는 것이 늘 가슴을 압박한다고 했다. 스트레스 해소를 위해 게임에 몰두하게 되었고, 하루에 정해진 시간 동안만 게임을 하겠다고 약속했지만 지속적으로 게임을 하면서 엄마와의 갈등이 심해지게 되었다. 그러다보니 순간 욱하는 마음에 엄마에게 함부로 대하게 됐다고 한다.

이러한 반항적인 현상의 가장 큰 이유는 자신에 대한 상실감이다. 이 상실감이 지속되면 감정이 분노로 표출된다. 수종이의 경우 엄마와의 마찰이 상실의 첫 번째 대상이 된 것이다. 자신이 분노하는 이유가 엄마의 잔소리로 인해 발생한다고 믿게 되고, 그러한 자신의 모습이 못마땅해지면서 더욱 더 거칠게 분노하며 순간적으로 폭력을 행사하게 되는 현상이다. 분노는 상실에 대한 사랑의 또 다른 면이다. 분노가 해소되지 않은 채 반복적으로 누적되면 감정적인 요소로 퇴행하며 성장에 방해 요소로 작용을 하게 된다. 하지만 분노는 누구나 가지고 있는 기본적인 감정 요소이다. 다만 스스로 분노의 수위를 조절하는 능력을 기르지 않으면 사회적인 관계를 형성하기가 힘들어진다.

부모로서 사랑하는 아이에게 거는 과도한 기대가 아이의 마음에 오히려 커다란 돌덩이를 올려놓는다는 사실을 인지하고 한 번쯤 곰곰이 생각해 볼 필요가 있다. 기대감을 조금만 낮추면 아이는 좋아하는 일을 하며 활발하고 건강하게 잘 자랄 수 있는, 문제가 없는 평범한 학생임을 깨닫게 될 것이다. 더불어 그동안 해결되지 않았던 등교 거부 문제 역시 자연스럽게 아이가 마음의 준비를 할 수 있을 때까지 기다려 주는 것이 현명하다.

상담할 때 학부모가 동석하면 "'아이의 행복'과 '성적' 중에 어떤 것이
더 중요한가요?"라고 물어본다. '행복'이라고 대답하는 엄마, 아빠를 보
면서 아이들 중에 열에 아홉은 의외라는 표정을 짓는다. 아이들은 부모
님이 자신의 행복보다는 공부를 우선시 한다고 믿는다. 대부분의 부모
님은 공부를 방해하는 요소들은 '나쁜 것'으로 인식하고, 게임 때문에
성적이 떨어진다며 걱정을 많이 한다. 게임과 관련하여 우리 아이들은
어떻게 생각하고 있는지, 아이들이 게임을 하면서 생활에는 어떤 변화
가 있는지, 공부와의 상관관계는 어떤지를 물어보았다.

● **정수** : 게임을 하다 보니 친구들과 사이가 더 돈독해지고, 학교에 가
는 것이 너무 즐겁다. 하지만 부모님은 게임 때문에 학교 성적
이 떨어졌다고 걱정을 하며 나를 싫어하는 것 같다.

● **환희** : 특별히 달라진 것은 없지만, 가끔 게임을 할 때 부모님과의 대
화가 조금 줄어드는 것 같다.

● **민재** : 게임을 하면서도 평소처럼 잘 지내고 있는데 부모님은 걱정을
하신다. 하지만 친구도 게임하는 친구들을 사귀게 되고, 집에
서도 여가 시간 때 주로 게임을 하다 보니 다른 것을 못 하게
되었다. 조절하려고 노력하는데 쉽게 고쳐지지 않는다.

● 혁이 : 부모님과 게임 관련해서 크게 갈등은 없다. 하지만 눈이 나빠진 것 같고, 가끔 수업시간에 졸기도 한다. 공부하는 시간이 줄기는 했지만 성적이 떨어지지는 않았다.

16명에게 질문한 것 중에 5명의 대답만 간추려 보았다. 아이들의 답변은 대부분 '성적은 떨어졌고, 친구관계는 좋아졌으며, 부모님이 걱정을 많이 한다'는 것이다.

실제로 게임을 하면 거의 대부분 성적이 떨어진다고 답했다. 하지만 아이들은 이러한 현상에 대해 스스로도 걱정을 많이 하고 있었다. 또한 설문과 상담에서 게임에 집착하지 않고 적당하게 즐기는 아이들은 부모님이 게임을 함께 하거나 아이에게 우호적인 경우가 대부분이었다. 반대로 공부를 포기하고 게임만 하는 아이들은 환경적으로 불안한 상태를 보였다. 예를 들어, 부모님의 이혼으로 불안해하던 민규는 게임을 하면서 만나는 사람들의 친절함이 너무 좋았다고 했다.

우리는 어떤 문제가 생기면 그 보이는 부분만을 이야기 하고 뒷면의 어두운 면은 드러내기 꺼려하는 경향이 있다. 사실 상담을 해보면 아이들이 왜 게임을 일상의 도피처로 활용하고 있는지 충분히 이해할 수 있다. 무엇인가 억압된 불만을 표출할 수 있는 방법으로 접근이 용이하고 시간이 잘 가고, 다른 것을 생각할 틈도 없이 집중해야 하는 상태에 매력을 느낀다. 아이들이 게임을 선택하는 것은 어찌 보면 너무도 당연한 일이다. 공부도 중요하지만 아이들이 무엇을 원하는지 관심을 가지는 노력이 절대적으로 필요하다.

인터넷과 SNS의 발달로 사회적인 관계보다 온라인상의 관계를 중시하는 사람들이 늘고 있다. 이러한 공간은 철저히 개인적이지만, 동시에 사회를 연결하는 통로로 활용되기도 한다. 그러다보니 오프라인에서 사람들을 만나서 형성하는 사회적 관계의 필요성이 약해지고, 인간관계를 온라인상에서만 유지하고자 하는 사람들이 많아지고 있다. 더구나 게임은 그 어떤 콘텐츠보다 집중력과 몰입도를 중요시한다. 일단 시작하면 시간 가는 줄 모르고, 단계가 올라갈 때마다 성취감을 준다. 또한 재미를 느끼게 되면 게임을 쉽게 멈출 수 없다. 이렇게 게임이 주는 재미로 인해 사람들은 컴퓨터나 모바일을 통로로 온라인 세계에서 일상을 보내게 된다.

자라나는 청소년은 아직 성숙한 사회관을 익혀가는 단계이기 때문에, 먼저 아이의 상태를 점검해 보는 것이 바람직하다. 담임 선생님을 통해서 학교 생활의 문제점과 아이의 학업 성적을 면밀히 살펴보고 문제점이 발견되면 상담을 통해 이유를 파악해야 한다.

같이 어울리는 친구가 없거나 사회성이 현저하게 떨어지는 아이들은 상대적으로 온라인 공간에서 친구를 찾고자 한다. 그러다가 이러한 관계가 익숙하고 편안해지면 점점 더 오프라인에서 만나는 친구들은 멀리하고 익명의 친구들에게 위로받는 것을 당연시 한다.

사회성을 기르는 것을 특별한 것으로 생각할 필요가 없다. 그저 관심을 가져 주는 것이 그 출발이다. 꾸준한 대화를 시도하고 아이의 선택을 인정하며 자존감을 높여 주어야 한다. 자존감은 공부를 잘한다고 생기는 것이 아니다. 아이 스스로 자신의 상황을 이해하고 받아들이는 분위기가 중요하다. 이런 마음에서 작은 일이라도 시작할 수 있도록 응원해 주는 것이 부모의 역할이다. 자존감이 생기면 사회성 문제는 자연스럽게 해결된다.

인문계 고등학교를 다니는 아이들이 특성화고에 진학했으면 좋았을 것 같다며 후회하는 것을 자주 보았다. 공부보다 다른 것에 관심 있는 아이들에게 공부를 강요하면 많은 문제가 발생한다. 수업시간에 멍하게 있으면서 점점 자신감이 떨어지고 다른 사람과의 관계가 어려워진다.

반면, 사람들과 어울리는 것 자체를 싫어하는 경우도 있다. 이런 경우 억지로 사회성을 만들어 주기 위해 아이를 밖으로 내보내려고 하면 오히려 스트레스를 받는 부작용이 생길 수 있다. 먼저 아이의 성향을 잘 분석하여 원인을 정확하게 파악한 후 서서히 밖으로 유도해야 한다.

더불어 살아가는 세상에서 주변 사람들과 건강한 사회적 관계를 유지하는 것은 바람직한 일이지만, 아이들에게 강요하기보다 먼저 내 아이의 성향을 파악하는 것이 매우 중요하다.

아이들은 자신이 하는 욕의 뜻조차 제대로 모르고 사용하는 경우가 대부분이다. 주위에서 쉽게 마주할 수 있는 언어폭력의 심각성만 보더라도 언어순화는 반드시 필요하다. 최근 국립국어원에서 실시한 조사에 의하면 초등학생의 97%, 중·고등학생의 99%가 비속어를 사용한 적이 있다고 한다. 이는 아이들의 일상언어가 많이 거칠어졌다는 뜻이다. 아이들이 게임을 하면서 뜻대로 되지 않을 때 일상 언어처럼 사용해 왔던 비속어나 욕설이 무의식적으로 튀어나오는 경우가 있다. 실제로 아이들은 상대방에게 욕을 하고 그 상대가 다시 욕을 내뱉는 과정에서 오히려 더 많은 욕을 배운다.

하지만 게임을 할 때 옆에 지켜보는 사람이 있을 경우에는 완전히 달라진다. 2016년 아현산업정보학교의 PC방 교실에서는 토요일마다 마포구 인근 중학교를 대상으로 게임에 관심 있는 아이들을 모집해 〈게임 과몰입 치유 및 재능 개발 프로그램〉을 운영했다. 간단하게 게임에 관련된 영어와 역사를 공부한 후, e스포츠에 종사하는 선생님을 모시고 실제 게임을 했다. 총 9주 과정에 3주째부터 게임 수업 시간에 욕이 사라지기 시작했다.

첫날은 아이들이 자신의 거친 언어를 자연스럽게 구사했다. 하지만 시간이 흐를수록 함께 있는 사람들이 많아서인지 자신도 모르게 스스로를 제어하는 모습을 보였다. 혼자 게임을 하는 아이들이 거친 언어를 쓸 때 어느 누구의 눈치도 볼 필요가 없다보니 마음대로 표현하는 습관이 생긴 것이다. 이런 결과에서 알 수 있듯 혼자서 게임을 하는 것보다는 공개적인 장소에서, 가능하면 누군가 함께 있을 때 욕이 현저하게 줄어든다. 일부는 욕을 멈추는 경우도 있다.

집에서는 가급적이면 아이들이 자신의 방에서 문을 닫고 혼자 게임을 하기보다 문을 열고 부모가 보는 상태에서 게임을 하도록 권유하는 것이 바람직하다. 또는 게임을 할 때 옆에 함께 있어 주는 것도 하나의 방법이다. 공개된 장소에서 게임을 할 때 가장 선행되어야 할 것은 평소 아이와의 소통이다. 게임에 대한 부정적 시선을 거두고 게임을 잘 모르면 관심있게 물어보면서 아이와 정서적인 소통을 나누어야 한다. 그렇지 않으면 아이는 자신이 감시받고 있다고 생각하여 관계가 더 악화될 수 있다.

옆에 있으면서 호응 이외의 말은 자제해야 아이와 부딪치는 상황을 피할 수 있다. 또한 욕을 했을 때는 '말조심하라'거나 명령하듯 강한 어조로 하지 말고 게임이 끝난 후 부드러운 언어로 타이르듯 조언해 주는 것이 바람직하다. 아이는 누군가 옆에 있으면 말할 때 의식하게 되고 욕하는 것을 주의하게 되니 기다려 주는 것이 최고의 소통 방법이다.

아이들은 성별과 연령에 따라 지도하는 것이 달라야 한다. 초등학생인 경우는 쉽게 설명하고 안내하듯 이야기해 주어야 한다. 화를 내면 아이가 위축되어 자존감에 상처를 받고 오히려 역효과를 불러일으킨다. 왜 자꾸 잊어버리게 되는지 여러 번 반복해서 정확한 원인을 찾아야 한다. 아직 자신을 스스로 조절할 수 있는 능력이 성숙되지 않은 상태에서 게임에 집중하다 보면 다른 생각을 하기가 어려워서일 것이다.

중·고등학생이 게임 때문에 다른 것에 관심을 두지 않는다면 더욱 주의를 기울여 아이를 살펴보아야 한다. 친구관계, 학교 선생님과의 관계, 이성문제 등을 조심스럽게 관찰해야 한다. 혹시 돈을 과다하게 요구하는지도 살펴 볼 필요가 있다.

일반적으로 아이들이 공부에 흥미를 잃게 되면 학교에서는 할 수 있는 것이 거의 없다. 그러다 보면 접근이 쉽고 재미있는 게임에 빠지게 되는데, 점점 승부욕이 강해지고 성취감이 고조되면서 오직 게임에만 몰입하게 된다. 이런 자극적인 놀이가 반복되면 더 자극적인 무언가를 찾지 않는 한 다른 것에 관심을 돌리기가 쉽지 않다.

또한 온라인상 친구들과는 게임 관련된 이야기로 서로 인정과 위로를 얻게 되고, 특정 다수로부터 칭찬을 받으니 더 잘하고 싶은 마음이 생겨난다. 이런 현상은 인정받지 못하는 현실세계와 대비되며 아이는 게임 속에서 자존감을 회복한다. 게임 속 캐릭터가 마치 자신인 것처럼 책임감이 발생하고, 가상현실 속에서 자신이 중요한 존재로 자리매김 하는 것이다. 이런 인식으로 인해 게임에 점점 빠져들고 집착하며 시간 관리가 되지 않는 것이다.

시간관리는 자신과의 약속이다. 자신과의 약속은 누가 시킨다고 되는 것이 아니다. 때문에 아이들과 공감하면서 지킬 수 있는 약속을 만드는 분위기가 매우 중요하다. '시간관리'라고 하여 너무 거창하게 시작하지 않았으면 한다. "너 게임 1시간만 하기로 했잖아! 지키기로 했는데 약속해 놓고 게임만 하면 어떡하니?" 이런 욱하고 공격적인 대화는 약속을 하거나 지킬 때 어느 쪽에도 도움이 되지 않는다. 사실 우리는 마음 속으로는 잘못된 방법임을 알면서도 순간 참지 못하고 상대방의 아픈 곳을 찌르는 말을 내뱉는다. 욱하는 그 말을 아이들은 '내가 좋아하는 것을 막고, 나를 공격한다'라고 해석해 버린다.

감정적인 대화로 인한 부모와의 마찰은 아이를 게임에 더 빠져들게 하는 변명꺼리를 주게 된다. 이런 상황이 반복될 경우 먼저 부모는 자신의 마음 상태를 잘 관찰하고 편안한 마음을 가져야 한다. 혹시 내가 아이에게 너무 큰 기대를 하고 있지 않은지, 다른 일로 아이에게 몰아 세우는 것은 아닌지 자신을 살펴보는 일을 먼저 해본다. 그런 다음 아이를 이해하는 마음으로 대화를 시도해야 한다. 다른 사람이 나를 이해해 주었을 때를 생각해 보는 것도 도움이 된다.

아이와 대화가 가능한 상황이 왔을 때 시도해 볼 수 있는 간단한 방법이 있다. 식사를 마치고 식탁 위나 거실 바닥에서 자유롭게 하면 된다. 종이와 볼펜을 준비하고 서로 원하는 것을 종이에 다섯 가지 정도 쓰자고 한다. 가족 모두 참여하여 각자 쓴 것을 소리내어 읽어 본다. 그것을 모두 지키면 좋지만 처음에는 서로 지킬 수 있는 약속을 하나 정도만 해본다. 약속한 내용을 냉장고나 잘 보이는 벽에 붙여 놓는다. 처음부터 '게임 시간 지키기' 등 무거운 약속보다 조금 더 가볍고 재미있는 약속으로 시작하자. 일주일 후 실천 여부를 놓고 대화를 해 본다. 이 활동은 중·고등학생의 경우 어색해 할 수 있으니 간단한 놀이를 한 다음 시도해 보는 것이 좋다.

게임이든 공부든 무조건 하지 말라는 방식은 효과가 없다. 아이들의 생각을 존중하고 현실에서도 맘껏 뛰놀 수 있는 여건을 마련해 주는 여유가 필요하다. 공부와 관련된 것은 일단 접어두고 원인을 파악하여 다른 놀잇거리를 만들어 주도록 하자. 무엇보다 가장 중요한 것은 아이가 공부 외에도 칭찬받을 수 있는 환경을 조성하는 것이다.

아이들 대다수가 꿈을 물어 보면 '모른다'거나 '없다'고 한다. 사실 어른에게 같은 질문을 해도 잘 모르겠다며 부끄러워하거나 당황하는 경우가 많다. 사람들에게 가장 많이 듣는 말이 건강하고 행복하게 사는 게 꿈이라고 한다. 사실 이 말을 꿈이라고 해야 할지는 잘 모르겠다. 아이들에겐 꿈이 없는 것이 아니고, 꿈이 있지만 가슴 속 깊이 묻어두고 있는 경우가 많다.

아이에게 꿈을 갖게 해 주고 싶다면, 가정의 어른들 먼저 스스로를 살펴볼 필요가 있다. 부모의 모습을 보며 성장하는 아이에게는 아주 중요한 요소이다. 아이에게 꿈을 가지라 말하기 전에 부모가 꿈을 이루기 위해 노력하는 모습을 보여주는 것이 필요하다. 꿈을 가지라고 해서 곧바로 만들 수 있는 것은 아니지 않는가? 어른들도 살면서 자신이 꿈꾸던 인생을 사는 사람이 그리 많지 않으리라 생각한다.

아이들과 상담을 하면서 마무리로 반드시 꿈을 물어 본다. 꿈이 없거나 모르겠다고 하면, '만약에'라는 가정의 문구를 시작으로 서로 이야기해 보자고 한다. 그럴 때 나는 '만약 하늘이 너를 도와 네가 하는 일을 무조건 잘 되게 해준다면 무엇을 할지 생각해봐.'라는 말을 먼저 해

준다. 그러면 아이들은 기분 좋은 상상을 하며 말문을 연다. 처음에는 돈을 많이 벌어 부자가 되고 싶다는 피상적인 이야기가 나온다. 인내심을 가지고 아이들이 하는 말을 있는 그대로 받아주다 보면 나중에는 정말 자신이 하고 싶은 이야기를 들을 수 있다.

꿈이 없다는 것을 크게 걱정할 필요는 없다. 오븐에서 빵을 구울 때 너무 자주 덮개를 열거나 찔러보면 제대로 된 빵이 되지 않는다. 아이들의 시간은 인생의 준비 기간을 거쳐 꿈을 만들어가는 단계이다. 지금은 꿈이 없음을 인정해 주는 것이 좋다.

꿈을 찾는 방법으로 '나는 _____이 되고 싶다'로 메모를 시작해 보는 방법도 있다. 5개 정도를 생각나는 대로 쓴 후, 그 중 꿈과 관련된 일한 가지를 실천해 보라고 권유한다. 영화감독이 꿈이면 영화를 보고, 옷을 만드는 디자이너라면 서점에 가서 디자인 책을 사거나 백화점에 가서 다양한 옷을 보는 것도 좋다. 가수가 되고 싶다면 공연을 보라고 유도한다. 이러한 작은 행동의 시작이 꿈을 찾아가는 데 도움을 준다.

세상에 극적인 성공은 없다. 작은 행동을 하나 하나 실천해 가는 과정이 중요하다. 이러한 작은 행동들이 모여 역사가 이루어지는 것이다. 꿈은 그런 것이다.

박진상_인하공업전문대학_컴퓨터시스템학과(14학번)

> 01. 나는 언제, 어떻게 게임에 점점 빠져들게 되었나요?
> 02. 게임을 하는 시간이 하루 중 몇 시간이나 되나요?
> 03. 게임에 빠져 들면서 내 생활에는 어떤 변화가 왔나요?
> 04. 게임에 푹 빠진 이유는 무엇인가요?
> 05. 언제부터 스스로 게임하는 시간을 조절하거나 게임 말고 다른 것을 찾아야
>   겠다고 생각했나요?
> 06. 지금 나는 무엇을 하고 있고, 앞으로는 무엇을 하고 싶나요?
> 07. 게임은 나에게 어떤 의미이며, 게임을 하면서 어떤 긍정적인 영향을 받았나요?
> 08. 게임을 좋아하는 후배들에게 어떤 얘기를 해주고 싶나요?

초등학교 2학년, 아버지가 회사에서 스타크래프트 CD를 얻어와서 알려주셨을 때부터, 그리고 첫 RPG인 메이플스토리를 하게 된 후부터 게임에 빠져들었습니다.

하루 3~4시간을 집에서 가만히 앉아 물도 마시지 않고 했습니다.

학교에서 친구를 사귈 때 내성적이었던 제가 게임을 하면서 친구와의 공감대가 형성되어 쉽게 친해질 수 있었습니다. 스타크래프트를 하며 전략을 구상하는 습관 때문에 스스로 생각하는 시간이 증가해 남들보다 주관이 생겼습니다. 게임을 줄이라는 부모님의 말씀은 전혀 듣지 않았습니다. 다른 것에는 항상 순종적이었지만 유일한 취미였던 게임은 그러지 못했습니다.

게임을 하면 인정받을 수 있습니다. 현실에서는 오직 성적뿐이지만 게임 안에서는 성실하게 레벨을 올리거나 또 다른 재능으로 인해서 자신감이 생깁니다. 또한 공부할 때와는 다른, 새로운 세상에서 색다른 생각을 할 수 있게 됩니다. 스스로 생각하는 시간이 생길 뿐만 아니라 남들과는 다른 관점이 생깁니다. 푹 빠진 이유는 재밌기 때문입니다.

　고등학교 2학년쯤 방학 때 학교를 나가지 않기로 결정하면서 생각이 크게 바뀌었습니다. 그 전까지는 아무 생각 없이 살아왔다면 이제는 정말로 내가 하고 싶은 게 무엇인지 생각하게 되었습니다. 경영 캠프를 참가하거나 정말 프로 게이머가 될 수 있을지 실력이나 열정 등을 점검해 보았습니다. 3학년 때는 책을 더 읽고 앞으로 어떻게 살아야 할지 어느 정도 밑그림을 그렸던 것 같습니다.

✦

　게임을 좋아하는 마음을 가지고 '대학이스포츠동아리연합회(에카)'에서 일을 하고 있습니다. 또한 일본어, 영어를 공부하고 책을 읽고 있습니다. 전공이 컴퓨터라 전공 관련 칼럼이나 글을 꾸준히 읽고 있습니다. 앞으로는 어느 곳에서 일하든 '사용자 경험(UX)'과 관련된 일을 해서 다른 사람들에게 좋은 경험을 줄 수 있는 설계자가 되면 좋겠다는 생각을 하고 있습니다. 또한 게임의 긍정적인 부분을 계속 알릴 수 있는 사람이 되면 좋겠습니다. 특히, 제 삶을 통해 검증된 긍정적인 면이 사람들에게 알려진다면 좋을 것 같습니다.

　게임은 또 다른 세계에서 살아갈 수 있는 수단입니다. 현실은 냉정하고 따분합니다. 그 가운데 쉽게 행복을 찾을 수 있는 도구라고 생각됩니다. 저는 'STEAM'이라는 플랫폼을 이용해 '포탈2', '문명5' 등의 게임을 즐겨했습니다. 또한 어릴 때는 '스타크래프트2'의 마스터 리그를 가보기도 했습니다. 스스로 찾아서 얻는 성취감은 어릴 때 갖기 힘든 경험입니다. 그 느낌을 게임을 통해서라도 맛볼 수 있다면 남들과는 조금이나마 다른, 특별한 길을 걸어본 것이라고 생각합니다. 퍼즐 게임인 '포탈2'와 정치 게임인 '문명5'를 통해 이론적으로만 알던 지식을 조금이나마 사용해 보는 좋은 경험이 되었다고 생각합니다. 이런 작은 변화들 자체로도 좋은 영향을 받았다고 생각합니다.

　게임을 한다고 해서 인생의 실패자가 되는 건 아닙니다. 게임으로 인해 다른 무엇인가가 부족해지는 것도 아닙니다. 학생들이 스스로 무언가 하지 못하는 이 시대에 본인이 좋아하는 게 있다는 건 오히려 자랑할 일입니다. 계속 게임을 좋아하고 다양한 게임을 해보며 경험하세요. 그것이 나중에 작거나 혹은 큰 도움이 될 것입니다. 하지만 게임은 유흥입니다. 유흥의 성격을 띠는 것들은 중독성이 있습니다. 그것들을 주의해서 삶을 해치지 않는 선에서 마음껏 즐기면 좋겠습니다.

🙂 아이들의 마음톡 글쓰기

게임에 푹 빠진 이유?

● 내 실력을 보여줄 수 있기 때문에 기분이 좋고, 나의 실력이 얼마나 좋은지도 알 수 있다. 게임을 하면 스트레스도 풀리고 계속 하면 재밌다. _성연

● 스트레스를 풀 수 있어서 좋다. 게임을 계속 할수록 제일 잘하고 싶어지기 때문에 게임을 계속 하는 것 같다. 게임을 잘하게 되면 팀원들에게 칭찬받을 수 있어서 기분이 좋다. _태민

● 게임을 하면 스트레스가 풀리고, 게임을 안 하면 할 게 없기 때문에 게임을 계속 하는 것 같다. _희성

● 친구들과 소통도 되고 즐거워진다. 뭔가 중독성이 강해서 계속 게임이 하고 싶어지는 것 같다. _재익

● 성취감인 것 같다. 특히 롤은 티어라는 것이 올라갈 때의 뿌듯함 때문에 하는 것 같다. _수길

언제부터 스스로 게임 시간을 조절했나?

● 처음으로 게임을 5시간 했을 때 내가 너무 한심해서 그때부터 시간을 조절하고 있다. _재운

● 내가 앞으로도 이렇게 게임을 하면 할 게 없어지겠구나 생각하여 정신을 차리고 게임시간을 조절하기 시작했다. _정수

● 중학교 때부터 게임하는 시간을 조절한 것 같다. 계속 이렇게 게임을 많이 하다가 나의 미래에 지장이 있을 것 같아 2~3시간 정도를 줄인 것 같다. _희성

● 중학교 1학년 때부터 공부에 집중해야겠다는 생각이 들었다. 내가 놀고 있을 때 친구들은 학원에 가는 것을 보고 나만 너무 놀고 있다는 것을 깨달았다. 그리고 학원을 다니고 게임을 조금만 하기 시작했다
_태민

게임을 하면서 방에 들어가면 나오지 않고 가족끼리도 대화가 없어졌어요

부모들의 공통적인 이야기는 아이가 성장하면서 대화하기가 어렵다는 것이다. 부모는 대화 부족의 원인이 게임 때문이라고 쉽게 단정짓는다. 물론 게임이 원인을 제공하기도 한다. 하지만 아이들을 상담하다 보면 원인이 다른 데 있는 경우가 많다. 아이들은 부모님이 공부와 관련된 것 말고는 자신에게 관심이 없다고 생각한다. 몇 번이나 자신의 생각이나 감정을 이야기해도 호응하거나 인정해 주지 않는다고 판단한다. 이런 시기에 부모나 주변 상황에 불만이 생기면서 게임에 관심을 갖기 시작한다. 게임에 몰입하는 것이 가족과 함께 시간을 보내는 것보다 당연히 재밌게 느껴지고, 그러다보면 오랜 시간 게임에 빠지게 되는 것이다. 그 시간은 오히려 누구의 간섭도 받지 않고 자유로울 수 있다.

성장하는 아이들과는 의식적으로라도 대화를 시도해야 한다. 하지만 아이들이 싫어할 수 있으니 이때 쉽고 간단한 놀이를 하면서 대화를 시도하면 효과가 있다. 아이들과 놀이를 하라고 하면 부모 자신이 어색해서 못하겠다는 말을 자주 한다. 반대로 아이들이 어색해 하며 거부하거나 민망한 장면이 연출될 수도 있다. 하지만 그 과정 자체도 아이에게 좋은 기억으로 남는다는 것을 알았으면 좋겠다. 그래서 용기가 필요하다. 생각에만 머물렀던 불안은 놀이를 시도하는 순간 없어진다. 놀이를 하고 난 후 아이와의 관계가 놀라울 정도로 빨리 회복된다는 사실을 기억하자. 간단히 팔씨름을 하는 것도 좋다. 팔씨름 몇 판만 해도 아이들 얼굴이 달라진다.

대화가 단절되기 시작하면 서로의 생각을 읽지 못해 또 다른 문제가 연속적으로 발생할 수 있다. 사춘기처럼 민감한 시기에는 더 힘들고 복잡해진다. 아이들은 자신의 마음 상태를 정확히 정의하지 못한다. 갑자기 신체적 변화가 일어나고, 하나의 인격체로서 부모와도 정신적 분리가 일어나는 시기이기 때문이다. 그러다 보니 심리적으로 안정되지 않은 불안한 상태인 이런 시기에 자칫 잘못하면 일탈행위를 하는 경우가 있다.

상담을 진행하면 아이들에게 게임을 언제 시작했는지, 왜 시작했는지, 그만두었다면 그것이 언제였는지를 꼭 물어보곤 한다. 대답은 다양하다. 고등학교 2, 3학년경 재미없어서 그만 두었다는 아이, 부모님 몰래 게임을 한다는 아이, 부모님이 자기가 하는 게임에 관심을 보이면 편하게 대화한다는 아이, 잔소리가 듣기 싫거나 공부하라는 중압감에 탈출하고 싶어 시작했다는 아이 등 여러 경우가 있다.

일반적으로 게임을 하지 말라는 잔소리만으로는 아이와의 관계가 해결되지 않는다. 오히려 반발심만 키울 수 있다. 앞에서도 언급했듯이 아이들 스스로가 게임을 하면 성적이 떨어진다는 사실을 잘 알고 있다. 하지만 아이들은 게임을 하는 것이 스트레스를 푸는 하나의 대안이라고 생각한다. 시간도 없고, 돈도 없고, 부모님은 자신의 마음을 몰라주고, 뭘 해야 할지 방법도 몰라 다른 대안을 찾을 수가 없다고 한다.

아이의 생각과 말을 들으려 하지 않고 무조건적인 요구만을 강요하다보니 아이로서는 엄마, 아빠가 자신에게는 관심을 갖지 않는다고 생각한다. 대화의 시작은 상대방에 대한 관심과 관찰로부터 시작된다. 하지만 관심에는 먼저 하지 말아야 할 선제 조건이 있다. 충탐해판(忠探解判), 충고하려 하지 말고, 탐색하려 하지 말고, 상대가 무슨 말을 하면 내 생각대로 해석하지 말고, 어떤 일이든 흑백논리로 판단하지 말아야 한다. 이러한 요소가 대화를 단절시키는 중요한 이유이기 때문이다. 위의 4가지를 의식하며 아이들과 서서히 대화를 시도해 본다면 조금씩 소통의 끈을 자연스럽게 이어갈 수 있을 것이다.

충분한 대화는 식물에게 주는 햇빛과도 같다. 식물이 빛을 보고 자양분을 얻듯이 아이들을 향한 따뜻한 대화는 성장의 밑거름이 된다. 따라서 원인을 분석할 때는 아이의 말과 마음에 귀를 기울여 문제점을 파악하는 것이 가장 중요하다.

게임하는 아이에게 '시간제한'을 하거나 '컴퓨터 금지령'을 내리면 효과가 있나요?

부모의 궁금증 **Q9.**

〈아이와 싸우지 않는 디지털 습관 적기 교육〉을 쓴 얄다 T 율스는 그의 저서에서 이스라엘의 하이파대학교에서 연구한 '부모의 역할'에 대해서 소개했다. 10세에서 18세 자녀를 둔 495명을 조사한 것이다.

연구를 보면, 첫째 '감독형 부모'는 아이의 시간을 제한하고 통제했다. 둘째 '지도형 부모'는 아이들에게 디지털 기기 사용 방법을 적극적으로 도와주었다. 셋째 '자유방임형 부모'는 아이가 게임하는 상황에 대해 전혀 관여하지 않았다.

연구 초점은 어떠한 가정의 아이들이 온라인 상황에서 더 위험하게 되는지를 관찰하는 것이었다. 연구 결과, 아이들을 감시하는 감독형 가정의 아이들이 위험도가 가장 높았다.

부모가 게임 시간을 제한하거나 컴퓨터 금지령을 내리는 경우는, 아이들에게 문제가 생기기 전에 보이는 전형적인 가정의 모습이다. 게임을 둘러싼 이런 억압적 과정을 거치다 보면 아이와 부모 양쪽 모두 내상을 입게 된다. 게임은 못하게 강요한다고 해서 막을 수 있는 것이 아니다.

일반적으로 초등학교에서 중학교 1학년까지는 이런 식의 강제적인 규제가 가능하다. 하지만 계속 억압적인 방법으로 아이를 통제한다면, 그 당시는 성공하는 것 같아도 아이가 자라면서 불만이 쌓이게 된다. 성장을 하면서 참았던 감정들이 솟구치며 반항의 형태로 표출된다.

역시 가장 중요한 것은 아이와 충분한 대화를 시도해보는 것이다. 본인 스스로 게임을 조절할 수 있는 능력을 갖도록 이끌어 주어야 한다. 무엇이든 물리적인 방법은 해결방안이 아니다. 예를 들어 컴퓨터를 거실이나 공개된 장소로 옮겨 놓아서 아이가 게임하는 것이 불편하다고 느낀다면, 오히려 밖에 있는 pc방이나 모바일로 옮겨가게 될 것이다.

아이를 변화시키려면 먼저 아이의 마음을 변화시켜야 한다. 물리적인 방법은 근본적인 해결책이 아니다. 게임에 빠지는 원인을 파악하여 아이가 마음을 열고 자신의 게임 시간을 스스로 조절하도록 격려해야 한다.

첫째는 '비교'이다. 아이들이 제일 싫어하는 것이 자신을 다른 사람과 비교하는 것이다. 부모는 아이들이 가장 신뢰하고 사랑받고 싶어 하는 존재이다. 그러한 아빠, 엄마로부터 듣는 질책은 아이의 자존심을 크게 다치게 한다. 또래와 비교하다보면 아이의 자존감은 바닥으로 떨어지고 그 상대마저 미워하게 만든다.

둘째로 '폭력'이다. 강압적인 방법으로 행동을 멈추게 하는 것은 아이의 반발심만 키울 수 있다. 교내에서 학교폭력이 생겨 가해자를 상담하는 경우가 종종 있는데, 가정에서의 폭력을 보고 자신도 모르게 분노를 폭발하는 경우가 결코 적지 않다. 폭력은 또 다른 폭력을 낳는다. 때문에 절대로 해서는 안 되는 행동이다.

셋째로 '강요'이다. "적당히 조절 좀 해라.", "공부해라." 등 아무리 타이르듯 이야기한다 해도 끊임없이 반복되는 충고는 아이들에게 잔소리로 들릴 뿐이다. 또 강압적인 어투로 이야기하는 것도 바람직하지 않다. "커서 뭐가 될래?", "한 번만 더 그래 봐라.", "어디서 말대꾸야!", "네가 하는 일이 다 그렇지 뭐." 등 아이의 자존감을 상하게 하는 말투는 가능하면 하지 않는 것이 바람직하다.

아이의 인격을 존중하면서 자녀를 사랑하고 인정한다는 사실을 보여주는 것이 정답이다.

디지털 문명으로부터 아이들을 완벽하게 보호하며 가정교육을 시키는 가정이 있을까. 그런 가정을 찾기가 쉽지는 않을 것이다. 특히 하루가 멀다 하고 새로운 디지털 기기가 생기고 사라지는 문화에서, 가정에서 모든 것을 소화하고 아이를 지도하기는 불가능하다. 아이들의 핸드폰, PC 속에는 폭력적이며 선정적인 것들이 많다. 이것을 통제만 한다고 모든 것이 해결될까.

이런 문제를 연구하여 발표한 사람이 있다. 미국의 임상 심리학자인 캐서린 스타이너 어데어는 〈디지털시대, 위기의 아이들〉에서 자녀의 미디어 사용에 대한 두 가정을 소개했다. 한 가정은 아이들이 쓰는 모든 디지털 제품에 대해서 사용 시간, 콘텐츠 차단 프로그램을 설치했다. 또한 TV는 제한된 시간과 케이블조차도 연결하지 않았다. 반면에 또 다른 가정은 온 가족이 같이 폭력물을 보았고 아이들마다 핸드폰과 인터넷을 마음껏 쓸 수 있도록 하였다.

연구 결과, 두 가정의 아이들 모두 아주 창의적으로 잘 자랐다고 한다. 그 이유로 두 가정 모두 부모가 아이들과 함께 하는 것을 삶의 최우선으로 했다는 공통점을 꼽았다. 우리 주변에 언제나 상존하고 있는 유해물로부터 가정에서 무엇을 최우선으로 삼아야 하는지를 생각하게 하는 연구 결과이다.

아이들이 이렇게까지 게임을 좋아하는 이유가 뭔가요?

게임은 인간의 기본적인 욕망을 채워준다. 아이들의 시선으로 바라본 게임에 대한 생각을 들어보았다. 가장 자주 듣는 단어는 '재미'이다. 게임을 하면 즐겁고, 특히 이기면 신이 난다고 한다. 이기면 성취감에 더하고 싶고, 지면 화가 나서 다시 도전하고 싶다고 한다. 다른 의견으로는 친구들과 게임을 하지 않으면 학교에서 대화 상대가 되지 않는다고 한다. 어떤 아이는 학교에서 게임으로 인정받게 되자 더 열심히 게임을 하게 되었다고 한다. 특히 요즘 게임은 팀을 이루어 진행하는 것이 많아 특정 집단에 속해서 게임을 통해 팀원들을 리드하게 되면, 교실에서는 몰랐던 리더십도 느낀다고 하였다. 게임의 양면성이 보이는 대목이다.

아이들이 게임의 가장 긍정적인 면으로 손꼽는 한 가지는 친구를 사귈 수 있다는 점이다. 그 외에는 공부 말고 다른 사람에게 자랑하며 말할 수 있는 것이 게임이라는 친구도 있었다.

게임의 나쁜 점으로 부모님과 대화가 단절되고, 지속적으로 성적이 떨어져 부모님이 걱정하신다는 점을 꼽았다. 게임이 정말 좋아서 선수가 되고 싶고, 프로구단에 가서 자신의 실력을 테스트해 보고 싶다는 친구도 있다. 공부는 자신 없고 다른 것은 특별히 할 만한 게 없어 게임에 빠져 있다며 공부 외에 다른 대안이 없음을 안타까워했다.

실제로 게임을 하는 아이들이 게임을 하지 않는 아이들보다 인지력이나 교우 관계가 훨씬 좋아진다는 긍정적인 효과도 많다. 오히려 적절한 게임은 아이에게 행복지수와 사회성을 높여준다고 하니 무작정 걱정만 하는 것보다는 좋아하는 게임을 할 수 있도록 시간을 조율하는 것도 바람직하다.

무언가에 중독된 것은 의존의 극단적인 마음이라고 한다. 아이들이 게임에 중독된다는 것은 그만큼 사랑을 받고 싶다는 또 다른 몸부림이란 것을 이해하고 아이에게 많은 사랑과 관심을 가져야 한다.

게임하는 친구들과 상담해 보면, 아이들이 참 똑똑하다는 생각을 자주 한다. 게임에 몰입하는 집중력은 물론이고, 그중에는 게임을 직접 만들어 학교 축제 때 연예인 못지 않은 인기를 누린 아이도 있다. 이 아이들에게 게임에 대해서 물으면 옆에 딱 달라 붙어서 상세하고 알아듣기 쉽게 설명을 해준다. 게임에 대해 모르는 사람도 완벽하게 이해할 수 있도록 가이드 역할을 제대로 한다. "이거 네가 정말 만든 거야?" 하고 물으면 그렇다고 하면서 정말 좋아한다. 특별한 능력을 가진 아이들이다.

인간의 뇌 활동은 환경에 맞게 변화한다고 한다. 이는 인간이 가진 근본적인 속성이다. 다양한 자극을 받으면 뇌는 더 균형적으로 발전을 하게 된다. 특히 인지적 능력이라는 차원에서 게임도 독서와 같다. 때문에 아이들과 디지털 기기 사용 문제로 욱하는 부모가 되는 것을 멈추어야 한다. 아이를 긍정적으로 대하며 능력을 발전시킬 수 있는 방안을 모색해야 한다. 그러한 마음으로 아이들을 바라볼 때 현실과 맞물려 무한한 능력을 발휘할 수 있을 것이다.

게임이 아이들을 똑똑하게 한다는 연구 결과는 아직 본 적이 없지만, 게임을 제대로 하고 그 게임을 이해한다면 똑똑하지 않고서는 불가능하다는 사실은 분명하다. 요즘 나오는 게임은 동서양의 신화나 전설을 바탕으로 한 짜임새 있는 스토리를 자랑한다. 플레이어는 각 단계를 진행하기 위해 매번 치밀한 전략을 구상해야 한다. 이러한 컨텐츠를 개발할 수 있는 능력은 이 시대에 가장 머리가 좋고 뛰어난 능력을 가져야 가능하다고 생각한다. 게임 안에는 아주 다양한 내용들이 포함되어 있다. 이것을 제대로 이해하고 활용하며 더 나아가 그것을 만들어낼 수 있다면 이 시대에 가장 창조적 삶을 살아가는 사람이라고 생각한다.

게임과 관련된 직업을 갖고 싶다고 하는데
이럴 땐 어떻게 해줘야 하나요?

많은 부모가 아이가 게임 분야의 일을 하고 싶어 하면 그저 '게임 실력'만을 가지고 이야기한다. 게임이라고 하면 우선 걱정이 앞서고, 그나마 전문가로 보이는 나에게 '가능'과 '불가능'을 결정지어 주기를 바란다. 대부분 게임에 대한 직업이 프로 게이머로 한정되어 있다고 알고 있는 경우가 많다. 프로 게이머가 오래 할 수 있는 직업인지, 게이머를 마치면 할 수 있는 것이 무엇이 있는지도 궁금해 한다. 하지만 게임 산업에 속해 있는 직업군은 예상보다 훨씬 다양하다. 그 어떤 산업군보다 탄탄한 인프라가 조성되어 있으며, 현재보다 미래에 더욱 유망한 직군 중 하나로 손꼽힌다.

게임 산업의 규모가 커지면서 게임과 관련된 직업 역시 아주 다양하게 증가하고 있다. 게임 기획자나 디자이너, 스토리 작가, 게임 선수 등 게임과 직접적인 관련이 있는 직업이나 시장동향과 홍보전략 등을 연구하는 게임 마케터, 게임 프로그램을 진행하며 게임을 소개하거나 관련 뉴스를 전달하는 게임자키 등의 간접적인 직업들이 서로 밀접하게 연결되어 있다.

주변 선생님 중에는 화학을 전공하고 게임 해설가로 유명세를 떨치며 영역을 넓힌 분이 있다. 다양한 인맥을 이용해 유명 구단에 프로 게이머들을 연결해 주는 일을 하며 세계시장에 진출하기도 했다. 또 미국의 일류대학 졸업 후 한국에 온 다른 나라 선수들의 전지훈련 프로그램을 세팅해 주고, 신생 팀의 컨설팅을 해주는 아주 색다른 일을 하면서 만족해 하는 분도 있다. 토요일 PC방 교실에서 게임 수업을 함께 하는 선생님은 회계 쪽 일을 하다가 그만 둔 후 게임구단을 운영하고 있으며, 게임을 통한 교육 사업을 꿈꾸고 있다.

누구든지 좋아하는 일을 하는 것이 가장 행복한 일이고 또 바람직하다. 소질만 있다면 게임과 관련된 각종 직업들을 적극 권장하여 미래를 계획하도록 격려해 주는 것은 어떨까.

또한 중·고등학교 시기에는 기초 체력과 기본 이론 교육이 꼭 필요하다. 게임은 컴퓨터를 다루는 일에 익숙해야 한다. 또 디자인 감각도 필요하다. 따라서 관련된 분야에 필요한 정보와 지식을 체계적으로 배울 수 있도록 적극적인 지원이 함께 요구된다.

이 질문에 이젠 자신 있게 대답할 수 있다. 게임과 연계해서 수업을 하면 학생들의 몰입도가 아주 높아진다. 따라서 아현정보산업학교에서는 게임과 관련된 수업을 다양하게 구성하여 실제로 수업이 진행 중인데 반응이 아주 좋다. 먼저 인문학적 사고가 깊어진다. 게임은 대부분 스토리를 가지고 있다. 단계별로 구분하여 목표를 정하고 그 곳에 도달하기까지 시나리오를 만들어야 한다. 특히 게임에 나오는 캐릭터들이 고대 신화나 역사들과 연결되어 있어 이 캐릭터를 분석하는 과정에서 그 시대의 정치, 경제, 과학, 지리, 문화를 곁들여 공부할 수 있다. 또한 외국어는 필수 요소이다. 게임 속 영어 단어와 문장을 공부하는 것이다. 아이들이 게임을 잘 하기 위해서는 게임에 나오는 영어의 뜻을 이해해야 한다는 사실을 알기에 스스로 열심히 공부한다.

무엇보다 절실하게 필요한 것은 게임 글쓰기이다. 자신의 생각과 행동에 대해 글로 표현할 수 있는 글쓰기 교육은 스스로의 가치관을 형성하는 데 아주 중요하다. 전략적인 게임을 하면서 미처 생각하지 못했던 문제점, 개선사항, 판단력, 그날의 감정상태 등을 게임 글쓰기를 통해 있는 그대로 적다보면 저절로 피드백이 된다. 스스로 게임 전략을 분석하고, 작전을 다시 세우며, 게임원들과의 협력사항을 살펴보고, 동료들과의 교류의 폭을 넓혀간다. 지난 1년 동안 아이들과 25주에 걸쳐 진행했던 게임 글쓰기 내용을 살펴보면, 이 교육이 얼마나 효과적이었는지 알 수 있다. 입시공부에 지쳐서 공부와 거리가 멀어진 학생들의 눈빛이 반짝였다. 동기부여만 해주면 아이들은 스스로 무엇을 써야 하는지 알기에 집중력을 발휘했다.

아마 각 교과별로 게임과 연계해서 수업을 하게 되면 감히 우리나라 교육의 또 다른 혁명이 일어날 수 있을 것이라고 장담한다.

마음을 굳게 닫아 걸었던 아이들의 마음이 조금씩 열릴 때마다 늘 감사하다는 말을 되뇌이곤 한다. 그 중 유난히 기억에 남는 아이가 있는데, 지금 이 책을 쓸 수 있게 동기부여를 해준 친구이다. 그 친구는 게임에 푹 빠져 학교까지 포기했고, 내가 아~ 도저히 회복불능이라고 좌절할 때 실낱같은 변화의 가능성을 보여주며 다시 힘을 내는 원동력이 되었다.

중랑구에 있는 고등학교에 근무할 때이다. 학부모가 제발 아들이 고등학교만은 졸업할 수 있도록 도와달라고 사정했다. 아이는 밤새 게임만 하고 학교는 거의 출석하지 않았다. 남아 있는 결석일수가 얼마 남지 않자 부모는 애가 탔다. 2주 후 상담을 했는데 어색한 분위기를 풀기 위해 기본 상담 프로그램인 팔씨름과 발등 밟기, 동전업다운 놀이를 했다. 아이가 긴장이 풀렸는지 얼굴이 밝아지며 자연스럽게 웃기 시작했다. 놀이는 관점을 변화시키는 데 탁월한 효과가 있다. 손을 잡고 놀이에 집중하면 아주 잠시지만 불편했던 생각이 없어진다. 그 순간 불안감이 사라지면서 그 자리에 새로운 마음이 들어오게 되는 것이다. 1시간 정도 지나고 나니 아이가 마음을 열며 자신도 학교는 졸업하고 싶다고 하였다.

상담 후 2주일 정도는 열심히 등교를 하더니 다시 결석을 하기 시작했다. 직접 아이의 집을 방문하자 문을 열어준 엄마가 당황스러워 했다. 엄마가 깨우면 아이가 덤벼서 싸움이 일어나고, 싸우고 나면 장기간 말을 안 하기 때문에 깨우지 못했다고 한다. 나는 방문을 열고 거실에 있던 강아지를 자고 있는 아이에게 들어 보내며 빨리 씻고 학교에 가자고 했다. 그 말에 아이는 일어나 씻고 학교 갈 준비를 했다. 두말 없이 일어나준 아이가 고마웠다. 아이가 끝까지 학교에 안 간다고 하면 어떡하나 내심 걱정을 했다. 아직 학교와 선생님은 아이에게는 지켜야 하는 신성한 공간인 것 같아 마음이 놓였다. 이런 일을 여러 번 반복한 후 아이는 정상적으로 졸업을 하게 되었고, 강원도에 있는 대학에도 입학하게 되었다.

당시 힘들어 하는 학부모에게 아이를 절대 포기하지 말라는 말을 강조했다. 이 아이의 경험을 통해 학부모와 선생님이 아이를 끝까지 포기하지 않고 사랑과 관심으로 감싸 안는 것이 얼마나 중요한지를 깨닫게 되었다.

아이가 일탈적인 행동에서 제자리로 돌아와 정상적인 생활을 하고 있는 모습은 나에게 커다란 자부심을 불어 넣어 주었다. 이후 게임에 집착하는 아이들을 포기하지 않고 상담에 매진하게 되었으며, 상처 입은 아이들이 마음을 열고 환한 웃음을 지을 때까지 최선을 다하고자 결심했다.

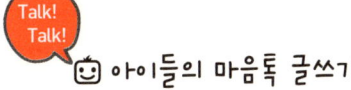

아이들의 마음톡 글쓰기

오늘 팀플레이 중 우리 팀이 잘한 점과 상대 팀이 잘한 점은?

● 우리 팀은 합류가 매우 좋아서 실력 차이를 극복해 나간 점에서 아주 잘했다. 그리고 상대방은 각자의
실력이 뛰어나 화려한 플레이를 보여준 점에서 잘했다. 두 팀 다 자기의 방식대로 잘해 주어 아주 멋진
경기를 만들었는데 오늘 게임은 롤하면서 재밌었던 게임 중 최고였다. _성연

● 우리 팀이 잘한 점은 끝까지 노력한 거고 첫판 때 내가 트롤을 해도 우리 팀이 욕을 안 한 것이다. 상대
팀이 잘한 점은 팀워크와 실력이 좋았던 것이다. _희성

● 많이 뭉쳐 다니면서 서로 욕하지 않고 멘탈을 최대한 건드리지 않으려고 노력했다. 서로 괜찮다, 잘했다
하면서 플레이한 게 잘한 거 같다. _원웅

● 우리 팀은 잘했는데 내가 못한 것 같다. 그래서 팀원들에게 미안하다. 상대 팀이 너무 단단했던 것 같다.
_정수

게임이 잘 될 때와 잘 안 될 때 드는 기분은?

● 게임이 잘 되면 일단 기분이 좋아지고 재밌다. 아무리 아군이 못해도 다 용서가 되고 화도 나지 않는다.
또 게임이 잘 되면 집중되고 평소보다 실력이 두 배가 되는 것 같고 팀플레이도 더 잘 맞는다. 하지만 나
만 잘하고 아군이 못할 때는 내가 못할 때보다 더 짜증이 난다. 이런 경우는 억울하기도 하고 싸움이 나
고 서로 눈치만 보기 때문에 당연히 게임은 안 풀린다. 게임에 지거나 못하는 건 당연하다.
게임을 잘하든 못하든 잘되든 안되든 아군을 나무라지 말고 내 자신을 되돌아 보는 게 더 실력 향상에
좋다. _우인

● 내가 게임에서 잘 컸을 때는 게임의 주도권이 나에게 있는 듯한 기분이 든다. 그래서 팀원들에게 칭찬을
받을 수 있고 박진감이 넘친다. 그러면 우리 팀은 나를 믿음직하게 생각하고 적들에게는 말 그대로 공
포의 대상이 된다. 반면에 내가 팀에서 제일 못하면 팀이 아무 말도 하지 않아도 내가 알아서 죄책감을
느끼게 된다. _태민

윤덕진_카이스트(대학생)_산업디자인학과(11학번)

> **01.** 나는 언제, 어떻게 게임에 점점 빠져들게 되었나요?
> **02.** 게임을 하는 시간이 하루 중 몇 시간이나 되나요?
> **03.** 게임에 빠져 들면서 내 생활에는 어떤 변화가 왔나요?
> **04.** 게임에 푹 빠진 이유는 무엇인가요?
> **05.** 언제부터 스스로 게임하는 시간을 조절하거나 게임 말고 다른 것을 찾아야
> 겠다고 생각했나요?
> **06.** 지금 나는 무엇을 하고 있고, 앞으로는 무엇을 하고 싶나요?
> **07.** 게임은 나에게 어떤 의미이며, 게임을 하면서 어떤 긍정적인 영향을 받았나요?
> **08.** 게임을 좋아하는 후배들에게 어떤 얘기를 해주고 싶나요?

　사실 내가 게임을 접한 시기는 7~8살 때 집에 컴퓨터가 생기고 스타
크래프트라는 게임을 접한 때지만, 게임에 본격적으로 빠져들기 시작
했던 건 초등학교 고학년 때였던 것 같다. 당시 인기였던 메이플스토리,
던전앤파이터, 마비노기 등의 온라인 게임을 통해 게임에 많이 빠지게
되었다. 그 이후 고등학교에 진학해서까지도 게임을 놓지 않았는데, 고
3때 나온 스타크래프트2를 기점으로 게임에 푹 빠지게 되었다.

　처음에는 그냥 집에 혼자 있는 시간에 친구들과 놀기 위해서 시작했
기에 RPG류를 즐겨했었는데, 고등학교 때 나온 카오스, 스타크래프트
2 등의 게임을 통해서 나의 실력 향상이 게임의 주목적이 되었고, 그러면
서 더욱 하드코어하게 게임을 즐겼다.

초·중학생 때는 오히려 특목고를 준비하느라 게임을 거의 못했지만 (하루 1시간 정도?), 오히려 특목고에 진학하고 나서는 많이 할 때는 일어나서 잘 때까지 게임만 했던 것 같다. 물론 할 일이 없는 기말고사 이후 등에 해당하는 이야기지만……

　중학교 시절까지는 PC방에 자주 다니는 편이었지만, 고등학교부터는 주로 기숙사에서 노트북으로 게임을 했다. 사실 학교 근처에 PC방이 별로 없기도 했고, PC방 프리미엄도 없는 게임들을 위주로 한 것도 있고, 기숙사에 있는 친구들 모두 노트북이 있어 그냥 모여서 게임을 하는 것이 상시 가능해 나갈 필요를 못 느꼈던 것 같다.

　대학생이 된 이후로는 거의 PC방은 안 갔다. 그냥 집에서 게임을 하는 것이 굉장히 익숙하고 편했기 때문이다. 성인이 된 이후로 딱히 집에서 터치도 안해 그냥 방에서 혼자 편하게 즐기는 경우가 많았다. 특히, 어느 정도 스스로 돈을 벌 수 있는 상황이 되어 플레이스테이션 같은 콘솔 디바이스를 살 수 있게 되었고, 이런 게임들을 자주 하다 보니 게임을 하는 장소가 집으로 많이 바뀌었다.

　게임을 하면서 내 생활은 사실 그다지 영향을 받지 않았던 것 같다. 초·중학교 시절에는 크게 영향을 받을 만큼 게임을 많이 한 것은 아니었고, 고등학교에 진학해서는 1~2학년 때 시간 관리를 못해서 조금 흔들렸지만, 3학년 즈음 되서는 자기관리법을 스스로 익혔다. 아무래도 어린 나이에 기숙사 학교에 떨어지다 보니, 게임이 아니었어도 뭔가에 빠져서 시간을 허비하는 일은 있었을 것 같다. 실제로 게임이 아니라 축구에 빠져서 성적이 급격히 떨어진 친구들도 꽤 있었다.

확실히 부모님은 게임을 안 좋아하긴 했다. 그 시간에 공부를 했으면 더 좋은 학교에 갔을 수도 있다는 이야기를 종종 하셨다. 물론 내가 그 시간에 공부를 했다고 더 좋은 학교에 가지는 않았을 거라 생각한다. 요즘 와서는 내가 게임을 통해 하고 싶은 일을 찾고, 스스로 세상을 배워나가고 있는 모습을 보고 게임에 대한 인식을 어느 정도 바꾸고 계시긴 하다. 이 정도면 긍정적인 변화 아닐까?

게임이 왜 좋은 걸까? 게임에 대해 항상 내가 하는 말이 있다. "게임은 모든 문화 예술이 하나가 되어 만드는 종합 엔터테인먼트 콘텐츠이다!" 영화, 뮤지컬, 애니메이션, 드라마 등 세상에는 많은 콘텐츠들이 있지만 게임만큼 그 모든 영역을 아우를 수 있는 콘텐츠는 없다고 생각한다. 유저가 직접 체험을 하고, 콘텐츠와 호흡을 하는 것은 게임에서만 가능한 일이다. 그러면서 게임 안에는 음악, 아트, 스토리텔링 등 다른 콘텐츠에서도 발견할 수 있는 많은 요소들이 있다. 이런 요소들이 플레이어와의 호흡을 통해 만들어 나가는 '다양한 경험'이 바로 게임의 매력 포인트라고 생각한다. 나는 게임으로부터 이런 경험을 할 수 있다는 것이 즐겁고, 앞으로도 게임을 계속 하게 만드는 이유라고 생각한다.

고등학교 시절에 스스로 게임하는 시간을 조절하는 등 자기 관리 방법을 배우게 되었던 것 같다. 스스로 조절하지 못하고 게임만 무작정 플레이하다가는, 정작 내가 충실해야 할 다른 일들에 집중할 수 없다는 것을 그때 깨달았던 것 같다. 아무래도 남들보다는 조금 먼저 독립 생활을 시작해서 깨닫는 시기가 빨랐던 것이라 생각하고, 보통은 대학교 진학해서도 1년은 자기관리로 고생하는 것으로 보인다.

하지만 난 아직까지는 게임에서 벗어나 다른 것을 찾아야겠다고 생각한 적은 없다. 게임콘텐츠를 만드는 것이 내가 주로 하는 일이 되었고, 학교를 졸업하고 나서도 게임 쪽 일을 계속 할 생각이기 때문이다. 아마 향후 2~30년은 게임에서 벗어나지 못할 것 같다. 이게 나쁘다고 생각하지는 않는다. 게임을 지속적으로 접하고 있지만, 그 외에 나의 전문성을 기르기 위해 자연스럽게 다른 공부도 많이 하고 있으니 게임에서 굳이 벗어날 필요는 없다고 생각하고 있다.

지금 나는 대학 이스포츠 동아리연합회 'ECCA'라는 단체를 이끌고 있다. 뜻이 맞는 친구들과 함께 대학생들의 이스포츠 문화를 발전시키기 위해 노력하고 있다. 이게 다 고등학교 3학년 시절 스타크래프트2에 빠진 것으로부터 시작된 스노우볼이다.

앞으로는 대학에서 전공하고 있는 것과는 상관없이, 게임 혹은 이스포츠 업계에서 일을 하고 싶다. 콘텐츠를 만들고, 사람들이 그것을 즐기는 것을 보는 것이 굉장히 보람 있는 일이라고 생각한다.

　게임은 내 인생에 가장 큰 영향을 끼친 것 중 하나인 것 같다. 무난하게 대학에 가서, 무난하게 반도체 쪽을 연구하려던 사람이 이렇게 전혀 상관도 없는 필드에서 일을 하고 있다는 것만 봐도 게임이 내 인생에 끼친 영향이 어마어마하다는 것을 알 수 있다.

　어떻게 보면 나는 굉장히 수동적인 삶을 살아오고 있었는데, 게임을 통해 능동적인 사람으로 바뀌었다고 생각한다. 하고 싶은 일을 하기 위해서 직접 일을 만들고 사람들을 만나고 하면서 자신감도 많이 붙었고, 게이머로서도 남들에게 "게임하는 사람들도 이렇게 할 수 있다!"라는 모습들을 많이 보여줄 수 있게 된 것 같다.

　게임을 좋아하는 후배들에게는 게임을 하는 것은 나쁜 일이 아니라고 말해주고 싶다. 게임을 너무 많이 해서 본인 스스로도 걱정이 된다고 해서 게임 자체가 나쁜 것은 아니다. 앞서 말했듯이 자기관리가 되지 않으면 축구에만 빠져도 생활에 좋지 않은 영향을 끼치게 된다.

　요즘은 모바일 기기가 보급화되어 게임을 접하기 쉬워진 시대인 만큼, 게임을 접하는 사람 자체도 굉장히 늘어났는데, 아마 우리가 기성세대가 되는 시점에서는 지금보다 게임에 대한 인식이 많이 좋아지지 않을까? 물론 그 과정 안에서 게임 문화를 향유하는 우리가 어떻게 하는지가 가장 중요할 것 같다.

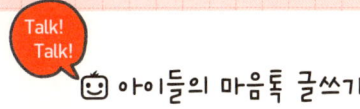

아이들의 마음톡 글쓰기

게임은 나에게 어떤 의미인가?

- 우울하거나 안 좋은 일이 있을 때 게임을 하면 기분이 풀리고 좋아진다. _근우

- 게임은 내 인생의 한 부분이다. 게임을 만들어보고 싶은 나에게 정말 중요하고, 게임을 하면서 친구들과 친해질 수 있기 때문에 게임에 대해서는 긍정적으로 생각한다. 친구들과 게임을 하며 경쟁도 할 수 있다. _태민

- 친구들과 게임을 하면서 말도 많이 하고 모르는 사람과 친해질 수 있다. 롤을 하면서 약간의 공부도 되는 것 같다. _준아

- 게임은 나에게 휴식을 의미한다. 게임을 하면서 재미도 느끼고 스트레스도 풀려서 정말 좋다. _석철

- 게임을 하면서 친구와 소통을 하고 소통을 함으로써 더욱 친해진다. 나는 내 친구들 중에서 게임을 잘 하는 편이라 애들하고 같이 게임하면서 더 친해진다. _도민

게임을 좋아하는 후배들에게 한 마디?

- 하고 싶을 때 하지만 적당히 해라. 많이 하면 중독이 되니까 스트레스를 풀 때 조금씩, 그리고 화도 적당히 내라. _성연

- 게임을 하는 건 좋지만 게임 때문에 학업에 집중을 안 하면 안 된다. 나처럼 게임 때문에 성적이 낮아진 것을 보고 나처럼은 되지 마라. 게임은 좋지만 다른 면에선 좋지 않다. _재운

- 게임을 하는 건 스트레스를 해소하는 거지만 게임만 한다고 공부를 안 하면 나중에 공부할 때 힘들어지니까 공부시간과 게임시간을 잘 조절해서 하면 좋을 것 같다. _희성

- 개인적으로 정말로 게임으로 취업할 것이 아니면 게임을 학업에 영향을 미칠 정도로 하지 않았으면 좋겠다. 게임으로 직업을 가질 것이 아니면 취미에서 멈추는 것이 좋다고 생각한다. _태민

방승호 선생님의 마음톡 심리상담 게임에 빠진 아이들

방승호 선생님의 마음톡!

심리상담 사례

Talk ★

02

PART

게임 중독은 부모가 지어준
새로운 이름이다

_게임 중독자라는 부정적 시선을 벗어버린 수민이

 마음 톡! _'게임 중독'이라는 한 단어에 아이를 가두지 말자.

경기도 광주의 한 학부모에게 전화가 왔다. 아이가 학교를 가지 않고 하루 종일 컴퓨터 앞에 앉아서 게임만 한다는 것이다. 부모의 마음은 아이가 졸업만이라도 했으면 좋겠다며, 더불어 자신의 아이가 게임 중독은 아닌지 걱정이 된다고 하였다.

요즘 각 가정마다 게임과 스마트폰의 과다 사용으로 인한 갈등이 심각하다. 심리학에서 중독은 의존의 다른 이름으로 해석한다. 이러한 의존의 원인은 주로 어린 시절에서 찾을 수 있다. 예를 들어, 유년시절 엄마와의 관계에서 충분한 정서적 감정을 얻지 못하면 결핍이 생기고, 그 결과 일상에서 게임, 알콜, 담배 등에 의존하며 같은 행위가 반복될 때, 스스로의 힘으로는 끊을 수 없는 상태를 중독이라고 부른다.

이번에 만난 중학교 3학년 수민이의 부모는 아이가 집에서 거의 말이 없고 하루 종일 게임만 한다며 상담을 의뢰했다. 집에서 대화하기가 힘들고 말을 붙이면 싸움에서 시작해 싸움으로 끝난다고 했다. 부모는 수민이가 게임 중독인 것 같은데 정말 어떻게 해야 할지 모르겠다며 한숨을 쉬었다.

저녁 시간, 수민이를 만났다. 수민이는 상담실 문을 살짝 열고 쭈뼛거리며 들어왔다.

"저, 수민인데요… 엄마가……."

"오, 그래 어서 오너라."

수민이가 불편하지 않도록 일부러 더 밝고 반갑게 맞이했다. 수민이는 키가 크고 얼굴은 갸름한 형이었는데 표정이 없어서인지 딱딱한 느낌이 들었다. 엄마가 시키는 일이니 빨리 끝내고 가겠다는 듯 무표정하게 앉아 있었다.

상담실에 오는 아이들 중, 말이 없다는 이유로 상담을 받는 경우가 종종 있다. 말이 없는 아이에게 말을 시키는 것은 좀더 많은 시간이 필요하다. 따라서 상담의 기본인 간단하고 가벼운 질문으로 마음을 풀어주는 것이 가장 먼저 할 일이다. 아이들과 쉽게 대화하기 위해선 의식주 이야기로 접근한다. '뭐 먹니, 뭐 좋아 하니' 등 가장 기본적인 질문을 하고 대화를 나누다보면 연결고리가 생긴다.

상담을 너무 어렵게 생각할 필요는 없다. 그렇다고 쉬운 일도 아니다. 그 동안 수많은 상담 경험에 의하면, 학교에 가방을 들고 등교할 정도만 되면 변화가 가능하다는 결론을 내렸다. 자신의 생각에서 올라오는 부정적인 것을 잊어버리고 대화할 수 있는 분위기가 되면, 아이들 안에 내재되어 있는 다양한 감정을 불러 일으킬 수 있다. 대화하면서 새롭게 자신을 인식하게 되는 것이다. 수민이는 무표정하지만 그것이 자기를 표현하는 방법이었다.

"수민아 좋아하는 음식이 뭐야?"

수민이가 의외의 질문이란 듯 가볍게 눈을 마주쳤다. 모든 상담은 아이와의 소통으로부터 시작된다. 좋아하는 것을 물어봐 주면 대화의 흐름이 밝아진다. 수민이는 칼국수를 좋아한다고 했다. 자주 가는 집이 있는지 묻자 발산동 근처에 있다고 하며, 배추김치가 맛이 있다고 조금 더 길게 답변을 한다. 나도 칼국수를 엄청 좋아하며, 열무김치가 같이 나오는 것을 좋아한다고 하자 씩 웃는다. 한결 마음이 편해졌는지 의자에 힘을 빼고 앉았다. 또 무엇을 좋아하는지 묻자 문어랑 온라인 게임, 모바일 게임을 엄청 좋아한다고 연이어 이야기했다.

아이의 상담 목적은 게임이었지만 게임에 관한 질문을 바로 던지면 마음의 문을 열지 않는다. 사소한 대화를 하며 결국 게임이라는 말이 아이의 입을 통해 자연스럽게 나오도록 유도해야 한다. 여학생 중에 게임을 좋아하는 아이는 처음 본 것 같았다. 처음에는 할 일이 없어서 게임을 시작하게 되었고, 하다 보니 재미있어 지속적으로 하게 됐다고 했다. 수민이는 '노가다'성 게임을 좋아하는데 게임에 필요한 재료를 모으는 것이 '노가다'라고 했다. 자신이 좋아하는 게임에 대한 질문을 하자 대화가 한층 즐거워졌다. 아이가 자신의 말을 마음껏 할 수 있도록 눈을 마주치고 호응하며, 중간 중간 관심있어 하는 질문을 하면서 대화가 끊기지 않도록 했다. 아이에게 지금 기분이 어떤지를 물어보니 차분한 목소리로 편안하다고 했다.

어린 시절에 살았던 방이 기억나는지를 물었다. 어린 시절 자신이 살았던 방을 생각하고 그림으로 그리다 보면 잃어버렸던 자신의 힘을 회복하는 데 도움이 되고, 그 힘이 밑바탕이 되어 변화의 첫 발을 뗄 수 있게 된다.

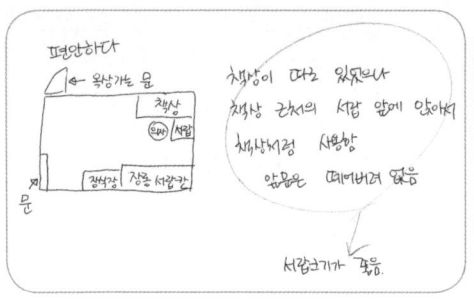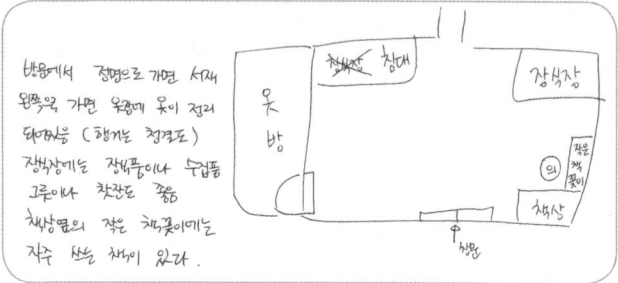

수민이의 방 전·후

"방을 자세히 설명해 줄래?"

수민이는 볼펜으로 방을 그렸는데, 책상은 따로 있었지만 잘 사용하지 않았다고 한다. 대신 책상 근처 낮은 서랍장의 앞문을 떼어버리고 책상으로 사용했다고 한다. 남들과는 다르게 서랍장을 책상으로 사용한 장면이 어린 시절 추억을 좋은 기억으로 만들어 주었다. 이어서 수민이 마음을 알 수 있게 방을 확장시켜 나가기로 했다.

"그 방에 새롭게 넣고 싶은 것이 무엇이 있는지 방을 새로 꾸며 보자."

"책상과 옷장은 들어가는데 침대 놓을 곳이 없어요."

"그래, 그럼 방을 더 넓혀봐."

그러자마자 수민이는 다양하게 방을 꾸미기 시작했다. 제일 먼저 책상과 책장을 그렸고 옷방도 따로 만들었다. 장식장에는 수집한 그릇이나 찻잔을 놓겠다고 했다. 책상 옆 작은 책꽂이에는 자주 보는 책을 꽂아놓겠다고 하였다.

어린 시절 이야기를 하는 동안 수민이의 얼굴이 많이 밝아졌다. 집이 커서 어느 정도 여유롭고, 원하던 물건들도 가질 수 있고, 구조도 맘에 드는데 청소하기가 힘들 것 같다고 했다. 그림을 다 그린 후 기분이 어떠냐고 물으니 뿌듯하고 황홀하다고 했다.

지금 이 순간, 추억의 방에 새로 넣고 싶은 것을 꾸미다 보면 자연스럽게 뭔가 하고 싶은 동기가 일어난다. 수민이처럼 옷방도 만들면서 무엇인가 하고 싶은 일이 생기는 것이다.

　계속해서 살면서 뿌듯했던 기억에 대해 이야기를 나누었다. 초등학교 때 그림 관련 상을 받은 것, 돈을 모아 사고 싶은 물건을 살 때, 인터넷 경매로 다른 사람과 경쟁해서 원하던 것을 얻을 때 뿌듯했다고 했다.

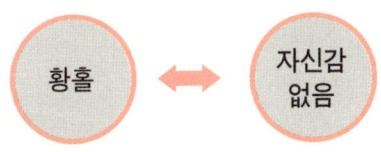

　황홀의 반대에 대해서 물었다. '자신감 없음'이라고 대답했다.

　"언제 자신감이 없다고 느꼈어?"

　"싫어하는 친구가 나보다 뭐든 잘 할 때요."

　수민이는 잔뜩 움츠러들어 작은 소리로 말했다.

　제임스 F 메스터슨은 그의 저서 '참자기'에서 자신감은 어린 시절 성장 과정에서 깊은 상처를 받게 되면 다른 일에도 위축이 된다고 하였다. 나는 이 논리가 학교를 다니면서 자기가 하고 싶은 일을 하지 못하거나, 정말 하고 싶은데 능력이 되지 않을 때도 적용된다고 생각한다. 대부분의 아이들이 학교에서 위축되는 것은 후자인 경우가 많다. 초등학교 고학년에 올라가거나 중학교 들어가면서 수학, 과학 과목에서 스스로 부족함을 느끼며 공부를 포기하게 되고, 시간이 지날수록 다른 것까지 다 포기하게 만드는 교육과정의 문제가 크다고 본다. 한번 성적이 떨어진 후 따라가지 못하면 다시 성적을 올리기 힘들기 때문이다.

다행히 메스터슨은 이런 자기 존중감을 회복하는 방법도 제시했는데 활기차게 다양한 감정을 받아들이는 방법이다. 이것은 자신을 있는 그대로 인정하라는 의미이다. 한번 안 되었다고 해서 실망하지 말고 한발씩 천천히 가다 보면 무엇이든 충분히 해낼 수 있다는 것이다. 또 포기하지 않고 아주 쉬운 것부터 시작을 하게 되면 자신에게 맞는 다른 길이 있음을 알게 된다.

사람들이 가장 쉽게 흔들리고 힘들어 하는 것 중 하나가 올라오는 부정적인 감정의 침투이다. 이런 해로운 감정 속에서 흔들리지 않고 나아갈 수 있는 방법 중 하나는, 놀이를 통해 자주 기쁨과 성공을 경험하게 하는 것이다.

"수민이 꿈은 뭐야?"

"게임기획자요. 새로운 게임을 만들어 내고 싶어요."

꿈에 대해 질문을 하자 수민이는 망설이지 않고 대답했다. 꿈을 이루는 데 장애물은 타 장르보다 미래의 전망이 확실하지 않고, 안정된 미래를 보장하지 않는다는 나름대로 게임기획자에 대한 직업에 대해 정리도 해놓았다. 관련된 장르의 게임들을 플레이하려면 언어장벽도 극복해야 하고, 돈도 많이 든다고 했다. 자신의 단점은 게으르고 너무 느긋하고 끈기가 부족한 것인데 이제 무언가를 꾸준히 하고 싶다고 했다. 자신의 꿈을 간직한 수민이는 말하고 싶고 하고 싶은 것도 많은 아이였다.

수민이가 생각하고 꿈꾸는 것을 이루기 위해서 해야 할 일이 무언지 물어보았다. 잠시 생각에 잠기는 듯한 표정을 짓더니, 게임기획자는 창의적인 직업이라 다른 사람들의 생각을 알기 위해 독서도 많이 해야 하고, 여러 가지 구상도 다양하게 해야 한다고 했다. 평범한 생각의 틀로는 어렵다고 자신 있게 대답했다.

게임에 대하여 전문가 수준으로 말하는 수민이와 더 깊이 소통하는 것이 중요했다. 수민이가 언제부터 게임에 대해 다양한 생각을 했는지, 게임을 시작하게 된 동기와 꿈을 가지게 된 사연도 물어 보았다.

수민이는 초등학교 5학년 때부터 게임을 접하면서 콘솔 게임에 관심을 갖게 되었고, 중학교 1학년 때 인터넷에서 게임을 만드는 것이 꿈이라는 사람들이 궁금해서 관련 정보를 찾아보았다고 한다. RPG 온라인 게임이 대부분이었는데 자신이 좋아하는 장르의 게임이 있다는 것을 알게 되어 관련 게임들을 플레이하고 다른 게임들도 도전하는 중이라고 했다.

마지막으로 미래의 수민이가 지금의 수민이에게 편지를 쓰는 시간 여행을 갖기로 했다. 게임기획자로 성공한 수민이가 중학교 3학년인 수민이에게 쓰는 편지다.

♛ 중학교 3학년 수민이에게

좋아하는 것들을 많이 보고 느끼고 이것저것 생각과 관념을 넓히자. 사고방식과 가치관은, 세상에 이런 저런 생각이 존재한다는 것을 알고 이해할 수 있지? 스스로 부끄럽다고 생각하는 행동을 피하고 자신이 옳다고 믿는 일을 하는 거야. 많은 사람들을 존중하는 수민이가 되자.

편지를 다 쓰고 난 수민이는 스스로 뿌듯해 했다. 막막하기만 했던 꿈, 게임 중독자라고 부정적 시선을 받았던 수민이는 자신이 결코 게임 중독자가 아님을 스스로 확인하게 된 것이다. 이를 계기로 수민이는 낮았던 자존감을 조금씩 회복해 나갈 것이다. 상담을 마치면서 수민이는 자신이 원하는 것을 조금 더 깊이 생각하는 시간이었다며 환하게 웃었다.

수민이 마음 속 세상은 게임으로 가득했다. 부모님보다는 게임과 소통하며 게임을 통해 흥미로운 세상을 여행하고 있었던 것이다. 게임이 마음의 치료제이자 동반자였다. 하지만 현실은 게임에 집중하면 공부에 방해된다는 부정적 인식이 광범위하게 퍼져 있다. 그러다보면 아이에게 언어적 폭력을 사용하는 경우가 빈번해지고, 아이는 가까운 사람들에게 듣는 비난을 피하기 위해 더욱더 게임 속으로 빠져들 수 있다.

수민이는 걱정과는 달리 우리가 생각하지 못하는 방식으로 스스로 질문을 던지고, 보다 새롭고 색다른 관점으로 세상을 바라보고 있었다. 자신이 무엇을 좋아하고 무엇을 싫어하는지, 자신에게 어떤 것이 기쁨을 주는지 알아가고 있었다.

중학교 시절 하고 싶은 것을 억제하게 되면 자신의 힘을 잃어버리고 분노와 수치심이 자라게 된다. 이 시기엔 무엇보다 공감해 주는 특별한 관심이 필요하다. 나의 경우, 공감이란 같은 공간에 있으며 아주 사소한 일상을 이야기하고 맞장구 치는 것이다. 일전에 내가 생각하는 '공감의 힘'을 경험한 적이 있다. 문제를 많이 일으켜 경찰서를 자주 드나든 중학생 아이를 상담한 적이 있었다. 만나는 자리에서 주로 먹는 이야기, 취미 이야기를 하다보니 노래를 좋아한다고 했다. 그래서 내가 먼저 "선생님이 가수다."라고 하면서 노래를 불러 주었다. 내 노래를 다 듣고는 아이가 자기 핸드폰을 꺼내며 자기가 만든 노래를 들려주었다.

어느 책에서 공감은 '타인에 이르는 길'이라고 읽은 적이 있다. 아이와 나는 노래를 매개로 서로 시공을 뛰어 넘는 공감을 형성했기 때문에 가능한 일이었다. 아마 내가 상담을 하고 그 아이를 선도해야 한다는 주입식 마음으로 접근했다면 영원히 그 아이의 노래를 들을 수 없었을 것이다. 공감은 같은 공간에서 가까운 일상의 행복을 부르는 이야기를 하는 것이다. 마트에 가서 무엇을 살지, 이번에 커튼을 새로 해야 하는데 어디서 사면 저렴하게 살지 인터넷 쇼핑을 같이 하고, 애완견을 키운다면 간식은 집에서 수제 간식을 한번 만들어 보는 것도 아이와 공감의 세계에서 함께 여행하는 방법이다.

공감은 18세기 미학에서도 중요한 개념이었다고 한다. 예술 작품에서 받은 감동이란 그 작품을 만든 사람의 마음과 공감하는 순간의 상태일 것이다. 보는 사람으로 하여금 그것을 창조한 사람의 마음에 곧바로 감응하게 만드는 힘, 그것도 시공을 뛰어넘어 모든 사람의 마음속으로 스며드는 강력한 힘의 비밀이 공감일 것이다.

게임을 꿈으로 선택할 수 있다

_회피하지 않고 당당하게 노력해서
게임프로 게이머가 되고 싶은 성진이

 마음 톡! _프로 게이머라는 꿈과 어설픈 공부의 중간에 낀 아이

　중학생인 성진이가 프로 게이머가 되고 싶다고 하여, 담임 선생님은 성진이가 프로 게이머가 될 수 있는 능력이 되는지 상담을 의뢰했다. 성진이는 공부에 관심이 없는 것 빼고는 학교생활에 문제가 없다고 했다. 하지만 점점 게임하는 시간이 늘어나면서 수업시간에 집중하지 않게 되고 성적도 중간고사보다 10점 정도 내려가 평균 60점대로 떨어져 걱정이 된다고 하였다.

　우리 주변에 운동도 잘하고, 착하고, 게임도 잘하는데 공부에는 관심이 없는 아이들이 많다. 못하는 것인지 안 하는 것인지, 성적이 하위권에 머무는 것이다. 이런 원인이 과연 게임만의 문제일까?

　이런 아이들은 학교에 가면 수업시간이 재미없고 무력해지니 할 일이 없다. 그 상태로 중학교 3학년이 되면 공부와는 완전히 멀어진다. 특성화 고등학교에 진학해야 할지 인문계 고등학교에 갈지를 선택해야 한다. 그러나 아이들 대부분은 인문계 고등학교로 진학한다. 성적이 안 되어 특성화고를 못가는 경우도 있지만, 그래도 인문계를 가야 한다고 생각하는 아이들이 많다. 이 아이들이 고등학교에 입학하면 처음 몇 달 은 그래도 공부를 하려고 노력하지만 몇 개월 지나면 결국 가방만 들고 학교에 가서 하루 종일 잠만 자다 오는 것이 일상이 되고 만다. 그러다보니 성적은 바닥으로 떨어지게 된다.

공손한 자세로 자리에 앉아 있는 성진이는 얼굴에 여드름 자국이 듬성듬성 있고 착해 보였다. 아이들을 처음 만나서 어색함을 풀어주는 것이 참으로 어렵다. 여기까지 오는 데는 다 나름의 사연이 있다. 그런데 이런 사연들을 말로 설명하려고 분위기를 잡으면 아이들이 더 긴장을 하게 된다. 자칫 잘못하면 아이들이 마음을 꽁꽁 닫아 버리고 만다.

아이들은 그 동안 주변으로부터 많은 말을 들어왔다. 그래서 아이들 과 소통하기 위해서는 말보다는 몸을 사용하는 것이 긴장을 풀어주는 좋은 방법이다. 팔씨름은 가장 간단한 놀이 중 하나이다. 아이들이 어색해 하지 않는지 궁금하다는 분들이 있다. "팔씨름 해볼래? 하고 싶니?" 등의 의향을 묻게 되면 어색함이 흐른다. 따라서 생각보다 빠르게 행동하는 게 중요하다. 그냥 팔을 내밀면서 "팔씨름 하자."고 하면 된다. 사람에게는 팔씨름 본능이 있는 것 같다. 어색해 하면서도 손을 내민다. 첫 판은 선생님

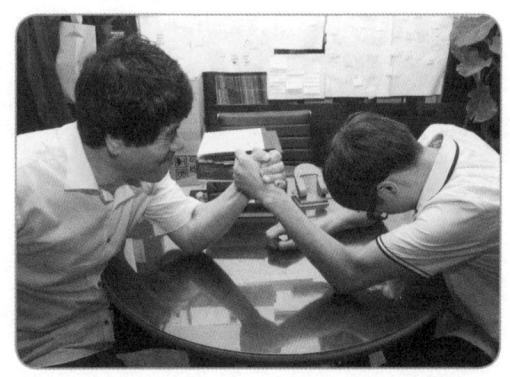

이 하자니까 하는 시늉만 하며 힘을 주지 않는다. 그러나 두 번째 판부터는 상황이 달라진다. 인간의 본능이 솟구쳐 이기고 싶은 욕구가 올라오는지 아이는 온 힘을 다하여 팔씨름을 한다.

긴장했던 성진이 입에서도 힘을 쓰는 소리가 들렸다. 팔씨름이 끝나자 성진이는 하얀 이를 보이며 웃었다. 웃음은 아이들이 '이제 말 하고 싶어요.'라고 무언의 답을 주는 것과 같다. 마음을 풀기 위해 한 가지 놀이를 더 하기로 했다. 안대를 하고 목적지까지 이동하는 놀이이다. 바닥에 인형이나 간단한 물건을 여러 개 놔둔다. 그 인형이나 물건은 장애물이다. 안대를 안 한 사람이 안대를 해서 앞이 보이지 않는 친구를 이동시키는데, 장애물을 피해야 한다. 성진이가 안대를 하고 내가 안내를 했다. 인형을 밟으려고 할 때마다 큰 소리로 멈추라고 했다가 방향을 바꿔 다시 앞으로 이동하게 했다. 성진이는 나를 믿고 끝까지 차분하면서 안전하게 목적지에 도착했다.

"지금 기분이 어때?"

"느긋해서 좋아요."

놀이를 마치고 지금 기분을 물었다. 성진이는 수줍어하면서도 자신감 있게 의사 표현을 하기 시작했다. 앉아 있는 모습이 여유 있어진 성진이와 느긋했던 순간에 대해서 이야기를 나누었다. 방학 때와 집에 혼자 있을 때도 편하고 좋다고 했다. 시험이 끝날 때도 느긋한 마음이 든다고 했다.

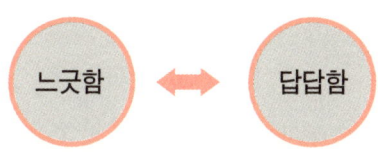

느긋함의 반대는 무엇이냐고 묻자 답답함이라고 했다. 대부분 사람들이 힘들어 하는 이유는 지금의 감정이나 상황 때문이다. 그것 말고는 없는 줄 안다. 지금 상황이나 감정과 반대되는 느낌의 단어를 추적하다 보면 새로운 세계로 여행할 수 있는 기회가 된다. 성진이에게 어떤 경우에 답답한지 물으니 부모님과 말이 안 통할 때 답답하다고 했다. 팀과 게임할 때 의사소통이 안 되어 게임이 내가 원하는 그림대로 안 나올 때도 답답하다고 했다. 성진이는 답답한 게임 상황을 이야기하면서 게임을 더 잘하고 싶다고 했다.

"게임을 잘 하면 어떤 느낌이 드는데?"

"통쾌해요. 나를 무시하는 아이들을 이길 때 정말 통쾌하고 재밌어요."

성진이는 그 상황을 보고 있는 것처럼 기분 좋게 웃었다.

게임을 잘하기 위해서 어떻게 해야 하는지 물으니, 말을 많이 해야 하며 개인 기량을 올려야 한다고 했다. 팀과도 호흡을 잘 맞추어야 하고, 욱 하는 성격을 죽여야 하며, 다른 팀의 전략을 잘 분석해서 작전을 짜야 한다고 했다.

성진이가 주로 게임과 관련된 이야기에 집중하기에 자연스럽게 처음 게임을 하게 된 동기를 물어보았다. 초등학교 저학년 때 처음 게임을 접했을 때는 단순히 1시간 정도 재미로 게임을 했는데, 중학교에 올라와서 게임하는 시간이 늘어나 성적이 떨어지기 시작했다는 것이다. 하지만 지는 것을 싫어하는 성격 탓에 게임을 하는 시간이 점점 늘어나게 되었고 공부가 하기 싫어 고등학교를 어떤 학교에 가야 할지 걱정이 된다고 하였다. 하지만 앞으로 노력해서 게임으로 살아남고 싶다고 하였다.

시간이 조금 지난 지금, 자신의 이야기를 해보니 어떤 기분이 드는지 물어보았다. 자기 자신을 되돌아본 시간이 된 것 같다고 하였다. 또한 자신의 행동 중에 고쳐야 하는 부분이 많은데 특히 낮에 잠자는 버릇을 줄이고 밤에 잠을 자야겠다고 하였다. 아이들은 조금만 이끌어주고 생각할 시간을 주면 자신이 무엇을 해야 할지 스스로 찾아가려는 의지가 있다.

만일 어린 시절로 다시 돌아간나면 여전히 게임이 하고 싶은지 물어보니, 게임은 취미로 하고 공부나 다른 게임 제작, 그리고 운동을 해보고 싶다고 했다.

30대로 성장한 성진이를 그려보게 했다. 이렇게 미래의 나와 만나는 일은 '안 돼!', '할 수 없어!' 등의 부정적인 생각을 지우는 데 도움이 된다. 생각을 하면서 쓰고 다시 읽다 보면 멋진 미래의 내가 될 것 같은 가능성을 심어주게 된다.

성공하기까지 힘든 과정이지만 잘 버텨 주고, 노력했으면 좋겠다.
말이 잘 통하는 여자와 단독주택에서 좋은 차를 타고 게임 방송
국으로 출근하고 싶다.
남에게 무시당하지 않으며 하루 일정을 깔끔하게 마치고 집에
들어가 가족과 함께 편하게 식사하고 자고 싶다.

성진이가 품고 있는 미래는 생각보다 소박하고 행복한 것이었다.

상담을 마치면서 오늘 자신을 되돌아 볼 수 있는 좋은 시간이었던 것
같아서 기분이 좋고, 앞으로 성공하기 위해 더 노력해야 할 것 같다고 하
였다.

성진이의 모든 이야기 끝은 게임이었다. 꿈을 갖는 것은 멋진 일이다.
한 가지에 몰입할 수 있는 것은 정말 큰 행복이다. 그런데 왜 프로 게이
머라는 꿈을 갖는다는 이유가 상담꺼리가 될까? 성진이 본인도 어린 시
절로 돌아가면 다른 것을 한 번 생각해 보고 싶다는 속내를 보이기도
했다. 심리적으로 회피나 결핍감을 동력으로 사용하기 때문일 것이다.
아이들은 게임에 집중할 때는 모르지만 시작할 때와 끝난 후의 마음이
불편하다고 한다. 마음으로는 게임 대신 다른 것을 해야 한다고 생각
하지만 어느새 행동은 게임을 하고 있다는 것이다. 주변의 눈초리에 위
축되기도 하고, 항상 자신이 부족하다는 생각이 들지만 그럴수록 점점
게임에서 위안을 찾게 된다고 한다. 그러나 마음 한구석에는 공부를 안
한 것에 대한 후회도 포함되어 있다.

하지만 이런 생각도 들었다. 우리는 엘빈 토플러가 말한 〈제3의 물결〉 속에서 살고 있지만, 삶의 방식은 아직도 '제2의 물결'에 갇혀 있는 것은 아닐까?

성진이와는 다음 주에 프로 게이머를 만나 직접 게임 실력을 테스트해보기로 약속하고 상담을 마쳤다.

요즘 주말에는 프로 게이머 선수들이 아이들에게 상담을 해주고 있다. 선수들에게라도 하루에 몇 시간 정도 연습을 하는지 물어보니 평균 12~14시간 정도 했다. 또 하루 종일 앉아서 연습을 해야 하기 때문에 자기 자신을 철저하게 관리하는 것이 무엇보다 중요하다고 했다. 주말마다 여는 중학생 게임 교실에는 20여 명이 참석하는데, 그 중에 게임에 재능이 있는 아이는 한 명 정도다. 강의하는 선생님께서 성진이는 다른 친구들보다 게임에 소질이 있다고 하였다. 하지만 프로 게이머가 되기 위해 너무 일찍부터 게임만 하는 것은 바람직하지 않다고 조언을 해 주었다.

대한민국 대부분의 부모들 역시 성진이의 경우와 비슷한 고민거리를 갖고 있다. 하지만 현재까지 특별한 해결책이 없다는 게 더 큰 문제다. 그래서 역발상으로 게임의 문제를 게임으로 풀어보는 방법을 시도해 보았다. 게임과 관련된 내용을 가지고 수업을 진행한 것이다. 중학생 과몰입학생들을 대상으로 일주일에 한 번 3시간씩 게임을 지도하고, 수업의 9회기 중에 3회기부터는 게임영어를 시도해 보았다. 아이들은 게임 관련 영어를 배우니 만족스러워 했고, 막상 게임을 제대로 해보니 프로가 되는 것이 쉽지 않다는 것을 깨닫게 되었다고 한다.

자기 아이의 게임 의존도가 어느 정도인지 알고 싶다면 한국정보화진흥원 사이트의 '청소년 인터넷 자가진단 척도'를 참고해보기 바란다. 진단 내용은 15문항으로 나뉘어져 있으며 5분이면 결과가 나온다. '고위험군'과 '잠재적위험 사용군', '일반사용군'으로 분류된다. 인터넷 사용으로 인한 건강문제, 온라인에서 인정받고 싶어하는 문제 등을 진단한다. 진단 내용을 프린트할 수도 있다. 객관적인 결과를 같이 보며 이야기를 하게 되면 아이와 소통이 가능해진다. 무조건 게임은 안 된다고 만류하면 오히려 더 게임에 빠져 들게 된다. 특히 학업 성적과 친구 관계 등 주변의 관계들을 살펴보고 문제점이 나타나면 해결하기 위해 노력해야 한다. 아이의 관점에서는 자신의 행동이 외부적인 요소에 의해 억지로 결정되는 것을 원하지 않는다. 가능하면 스스로 원인을 파악하여 행동하게 해야 한다. 아이의 변화는 그때부터 시작된다.

등교 거부는
수치심의 또 다른 모습이다

_짓눌렸던 무기력과 수치심을 끊어버린 희룡이

마음 톡!  _게임 때문에 무조건 학교에 가지 않는 단순한 아이들은 없다.

아이가 게임에 빠져서 학교를 가지 않는다고 40대 남자 분이 전화를 했다. 전화기를 통해 옆에서 흥분한 엄마 목소리가 들렸다. 엄마는 전화를 가로채듯 받아서 흥분된 목소리로 하소연을 했다. 아이가 학교를 가지 않겠다고 한다며 몇 번이나 같은 말을 반복했다. 아이 때문에 마음이 답답하고 어떡해야 할지 방법을 몰라 많이 힘들어 하는 눈치였다. 다음 날은 아이의 엄마에게 전화가 왔다. 최대한 빨리 만나고 싶다고 하여 약속 날짜를 잡았다.

아이가 학교를 안 가겠다고 버티면 부모는 세상이 무너지는 것 같다고 한다. 항상 느끼는 것은, 미리 전문가와 상담을 하여 초기에 문제를 해결하면 더 좋았을 거라는 안타까움이다. 대부분의 부모들은 등교 거부 단계가 되어서야 '아 이게 아니구나' 하는 것을 알게 되어 급하게

SOS를 보낸다. 그래도 이렇게 관심을 보이는 경우는 그나마 다행이다. 아무런 조치 없이 방치되는 경우도 비일비재하다. 만일 질병이라면 병이 깊어져서 고칠 수 없는 상황이 되어서야 인지하는 것과 같다. 이런 상황까지 다다르게 되면 대부분 심리적으로 불안감이 커진다. 인간의 역사에 불안은 늘 함께 했다. 심리적으로 불안감을 느끼는 데는 특별한 해결책이 보이지 않는다. 더구나 청소년기의 불안은 부모님과 아이의 분리 불안까지 겹쳐서 더 심각하게 작용한다.

멀리 통영에서 온 희룡이는 큰 키에 덩치도 있는 고등학교 3학년이다. 상담실에 들어와서는 주변을 둘러보며 눈치를 보는 것 같아 자리에 앉으라고 하는 동시에 앉자마자 팔을 내밀어 팔씨름을 했다. 희룡이는 눈을 크게 뜨며 당황스러워 하더니 엉겁결에 팔을 내밀어 힘을 쓰기 시작했다. 양손을 번갈아가며 했는데 모두 내가 졌다. 팔씨름에 이긴 희룡이 얼굴이 발그레해지면서 약간의 미소가 보였다. 기분이 좋아 보이는 것 같아 조금 더 편한 분위기를 위해 다른 놀이를 시도했다.

자리에서 일어나 '믿고 떨어지기' 놀이를 했다. 이 놀이를 자주 하지는 않지만 상대에게 신뢰감을 주는 데 효과가 좋다. 자기 몸을 잠시 다른 사람에게 맡기는 것인데, 손으로 상대방의 등을 만지게 되면 믿음과 친밀감이 커진다. 누군가에게 나의 등을 내주며 정말 특별한 느낌을 공유하게 된다. 상대방과 몸을 닿아야 하기에 바로 진행하면 거부감이 있을 수 있어 사전에 충분한 교감을 나누어야 한다.

그래서 먼저 희룡이와 팔씨름을 하고 이 과정에서 약간의 친밀감을 만든 것이다. 손을 잡고 힘을 주다보면 보이지 않는 손길이 연결되면서 서로에게 믿음이 생긴다. 이것이 놀이가 주는 힘이다. 희룡이에게 일어

서라고 하며 아주 자세하고 친절하게 놀이에 대해 설명을 했다. 이 놀이는 아주 안전하며, 내가 뒤에서 받아줄 것이니 다른 사람을 믿고 몸을 맡겨 보라는 의미에서였다.

내가 뒤편에 서서 양손을 희룡이 등에 댄 후 안심시키기 위해 뒤를 돌아보라고 했다. 그런 다음 손을 약간 떼며 뒤로 넘어져 보라고 했다. 이 놀이는 천천히 진행해야 한다. 몸과 마음 모두 충분히 믿음을 준 후 눈을 감고 뒤로 넘어지라고 했다. 처음에는 무서운지 자꾸 돌아보았지만 몇 번 반복한 이후로는 자신 있게 몸을 맡겼다. 놀이를 끝내고 나니 기분이 좋은지 흰 이를 드러내며 "흠!흠!" 헛기침을 했다. 또 하자는 표시이기도 하고, '다른 무엇을 해도 돼요.'라는 신호이기도 하다. 놀이를 하게 되면 아이들은 경계심을 풀고 천진난만해진다. '내가 무엇을 해야 하나'라는 답으로부터 자유로워지기 때문이다. 그러한 모습을 지켜보는 상담자도 스스로 무장해제가 된다는 사실은 아주 흥미롭다. 이렇게 먼저 긴장감을 풀어주는 방법으로 상담 진행이 훨씬 자연스러워진다.

놀이를 마친 후 지금 기분이 어떠냐고 물으니 '편안하다'라고 말을 했다. 처음에 많이 긴장했던 눈빛도 사라지고, 고개를 숙여 대답하던 모습도 변화되어 고개를 들고 자신감 있는 목소리로 말을 하기 시작했다. 이어서 지난날 중에 즐거웠던 일들에 대해 이야기를 나누었다.

희룡이는 특히 초등학교 시절 오후에 햇빛을 받으면서 낮잠 잘 때가 가장 편안했다고 한다. 또 밤에 아파트 근처의 공원에서 앉아있을 때면 잡생각이 사라지는 조용하고 평화로운 느낌이 아주 좋았고, 클래식을 좋아해서 클래식 음악을 들을 때도 행복하다고 했다. "오!" "그래." "대단한데!" "선생님도 음악을 좋아하는데." "특별하다!"고 칭찬과 맞장구를 쳐 주었다. 칭찬은 고래도 춤추게 한다는 말이 있지만 칭찬에도 결정적인 포인트가 있어야 한다. 진실성과 구체적인 정황이 스스로 납득이 되어야 한다는 것이다. 설득하기 위해 인위적인 칭찬으로 상대방을 설득하는 데는 한계가 있기 때문이다. 희룡이가 클래식을 좋아한다는 것은 정말 의외의 답변이었다. 아이들은 편안해지면 자신이 진심으로 좋아하는 것들을 이야기하며 즐거워한다.

이어서 '편안하다'와 반대되는 상황에 대해서 이야기를 나누었다. 같이 있기 싫은 사람은 잘난 체하고 말이 많고 이기적인 아이들인데, 어쩔 수 없이 함께 있어야 할 때는 너무 불편하다고 했다. 또 버스나 지하철에 사람들이 많을 때 몸이 커서 잘 움직이지 못하면 불편하다고 했다.

"희룡이는 꿈이 뭐야?"

"존경받는 사업가요."

희룡이는 자신의 꿈을 정확히 대답했다. 그 꿈을 이루는 데 장애물로는 돈, 지식, 교양, 시간, 귀찮음이 문제라고 했다. 자신의 꿈을 이루는 데 반드시 해야 할 일은 자기관리, 체력, 전문지식, 인맥, 자본, 인성이 중요하다고 했다. 이 중에 가장 중요한 일은 자기관리라고 말했다. 자기관리를 위해 해야 하는 일은 살빼기, 책읽기, 취침과 기상 시간 맞추기로 노력하겠다고 하였다.

희룡이와 꿈과 관련하여 잠시지만 미래여행을 해 보았다. 30살에 존경받는 사업가로 성장했다고 가정하고 스스로에게 당부하고 싶은 말을 편지로 써 보았다.

♛ 미래의 나에게

> 술 많이 먹지 말고, 몸 관리 잘하고, 사업할 때 눈앞보다는 멀리 투자하고, 동료 직원에게 신뢰를 받아라. 가족에게 잘 해주어라.

이어서 지금의 희룡이에게도 한마디 하라고 했다.

♛ 지금의 나에게

> 나태해지지 말고 전문 분야의 경험을 많이 쌓아라. 불안해하지 마라. 게으르지 말고 그냥 믿고 가면 된다.

희룡이는 자기 자신에게 제법 어른스럽게 당부의 말을 했다.

편안해진 희룡이와 게임에 관련된 이야기를 해보았다. 처음에 아빠 노트북에서 게임을 보고 관심을 가지게 되었고, 개인용 컴퓨터를 사고 나서 현재까지 게임을 한다고 했다. 초등학교 때부터 GTA(Grand Theft Auto)를 중학교 1학년까지 했으며, 중학교 2학년부터 롤(League of Legend)에 빠졌다고 했다. 이후로 성적이 부진해졌고 집중력이 떨어지면서 막연하게 게임 제작에 대해 관심을 갖게 되었다고 한다. 같은 꿈을 가진 아이들을 만나서 서로의 의견을 교환하고 싶기도 하고, 이 분야의 선배들을 만나 조언도 받고 싶다고 하였다. 마음이 맞아 창업할 동료를 만났으면 좋겠다는 바람도 이야기하였다.

상담을 마치면서 무의식적으로 지나쳤던 자신의 생각을 한 번 돌이켜보며 자신이 무엇을 원하는지 알 수 있어 좋았다고 했다.

그 동안 희룡이는 게임을 하는 것에 대해 다른 사람에게 말하는 것을 두려워했다. 게임하는 아이들이 공통적으로 힘들어 하는 것은 게임에 대한 주변의 시선이다. 특히 고등학교에서는 게임을 한다고 하면 마치 공부를 포기한 문제아로 인식한다. 그러다보니 주로 게임은 밤에 하고 낮에는 학교에서 잠을 자며 자신이 게임을 한다는 사실을 비밀로 하게 된다. 숨기고 싶은 비밀이 주변에 알려지게 되면 스스로 수치스러워 하며 마음의 문을 닫게 된다. 사람들의 편견이 매우 두렵기 때문이다. 마음에 자리 잡은 수치심은 희룡이의 모든 행동을 통제하는 센서가 된다. 그래서 아무 것도 하지 못하며 학교도 가지 않게 되고, 부모와의 대화도 단절해 버리는 것이다.

수치심은 주변의 시선에 대한 방어적 수단 중 한 가지인 저항을 통해 스스로 이겨낼 수 있어야 한다. 사람은 누구나 예외 없이 저항의 과정이 존재한다. 다만 이것을 어떻게 극복하는가에 따라 결과는 다르게 나타날 수 있다. 스스로를 신뢰하고 자신의 생각을 밀고 나가야 한다. '두려워서 할 수 없어.'라고 말하는 부정적 센서를 '두렵지만 이겨나갈 수 있어.'라는 긍정적 센서로 교체해야 한다. 수치심을 극복하는 길은 결국 자신의 상처를 어루만져 주는 것이다. 아프고 실패할 수도 있지만 그래도 앞으로 나아가야 한다. 이렇게 스스로를 일으켜 세우다 보면 어느새 자신만의 색깔을 가진 고유한 인격체로 발전하게 된다. 자신감을 갖고 자신의 재능을 키우는 과정 속에서 가치 있는 한 사람으로 성장하는 것이다.

◆ 수치심 극복과 성장

수치심을 극복하고 재능 있는 사람으로 성장할 수 있도록 도움을 주는 방법이 있다.

첫째, 수치심이라고 생각하는 것을 글로 쓰고 받아들인다.
둘째, 자신을 힘들게 하는 것을 한 문장으로 만들어 본다.
셋째, 도움이 되는 문구를 만들어 힘들게 하는 문구 옆에 적어
   놓는다. 그리고 이것을 하루에 매시간 5분 정도 반복해서
   써 본다.

- 아이디어 발표를 할 때 실수했다.
- 아이디어 발표를 할 때마다 떨려서 말을 잘 못한다.
- 아이디어 발표를 할 때마다 떨려서 말도 잘 못하지만, 기발한 나만
  의 아이디어가 있으면 상대방을 설득할 수 있다. 친구한테 말하는
  것처럼 편안하게 연습하면 실수 없이 발표할 수 있다.

이렇게 매시간 위의 세 가지 방법을 반복하다 보면 몸에서 수치심이 빠져나가는 것을 경험하게 될 것이다. 매시간 하는 것이 힘들겠지만 수치심을 극복하는 유일한 치료제로 믿고 실천해 보기 바란다.

게임은 '금지된 즐거움'이 아니라 아이의 재능이다

_바둑의 이세돌급, 게임의 달인 민석이의 엄청난 재능

 마음 톡! _금지된 즐거움에 빠졌다고 몰아붙이는 위험한 사회

얼마 전 공립학교 최초의 세미프로팀으로 우리학교 게임제작과 6명의 학생들로 구성된 롤(LOL)팀이 창단되었다고 언론에 보도되었다. 그후, 게임팀이 있다는 사실을 담임 선생님을 통해 알았다며 프로 게이머가 되고 싶다는 친구가 방문을 했다. 아이 스스로 상담을 하기 위해 찾아오는 경우는 정말 드문 일이다.

고등학교 1학년인 민석이는 마른 얼굴에 아주 착해 보였다. 헐렁한 교복 때문인지 다소 왜소해 보이기는 했지만 눈빛이 총총했고 풍기는 기운이 어딘가 모르게 고수의 느낌이 들었다. 민석이는 스스로 게임을 정말 잘한다고 했다. 아시아 랭킹 10위까지 오른 전력이 있다고 한다.

내가 머물렀던 이전 학교에서 가장 아쉬운 부분 중 하나는 운동을 선택한 아이들이었다. 태권도가 3~4단 되는 아이들에게 "너 얼마나 운동했니?" 물으면 보통 5년 이상, 10여 년을 꾸준히 했다고 한다. 옛날 같으면 이 정도 시간이면 도사가 되었을 경력이다. 하지만 아이들이 중학교까지 운동을 열심히 하다가 막상 고등학교에 입학하면 운동선수 말고는 선택할 수 있는 길이 거의 없다. 그래도 운동은 '선수'라는 말을 듣기라도 하지만, 게임에 재능을 보이고 오랫동안 시간을 투자한 아이들이 선택할 수 있는 일은 아예 없다. 우리 현실은 아이가 예체능과 공부 외, 다른 것에 관심을 갖는 시간을 인정하지 않는다. 하지만 다른 재능을 발견한다면 공부만 강요하기보다 아이의 관심을 지지해 주며 기본적인 공부를 포기하지 않도록 이끌어 주어야 한다. 공부를 포기하지 않는 방법 중 하나는, 아이가 관심을 갖는 두 과목 정도만 집중할 수 있게 도움을 주는 것이다.

민석이는 다른 아이들의 경우와 상담의 관점을 다르게 해야겠다고 생각했다. 자발적으로 찾아왔기에 아이 스스로 중심이 있다고 믿었다. 민석이의 이야기를 솔직하고 깊이 있게 듣는 것이 중요하다고 판단했다. 게임 고수의 고민은 무엇인지, 언제부터 게임을 하게 되었는지, 앞으로는 무엇을 하고 싶은지 등 묻고 싶은 게 많았다.

그래서 상대를 게임 전문가로 인정하고 인터뷰 방식의 상담을 선택했다. 음료수와 빵을 내밀자 환하게 웃는 민석이와 편안하게 앉아서 이야기를 시작했다.

Q : 언제, 어떻게 게임을 하게 되었나요?

A : 중학교 1학년 때 시험이 끝나고 친구들과 PC방에 갔어요. 그때부터 게임을 많이 했어요.

Q : 하루에 얼마나 게임에 몰입했나요?

A : 꼬박 8시간 정도를 했어요. 심하긴 했죠.

민석이는 그때가 생각이 났는지 피식 웃었다.

Q : 게임을 하면서 생활은 어떻게 변화됐나요?

A : 성적이 떨어지고, 사교성이 떨어졌어요. 그리고 저녁잠이 없어졌고 그때부터 학교 가면 잠을 자기 시작했어요.

Q : 게임을 시작했다고 모든 사람들이 심하게 몰두하진 않는데 그렇게까지 게임에 빠진 이유는 뭔가요?

A : 생각해 보면 현실 도피 같아요. 현실이 싫었어요. 성적이 너무 떨어져 학교에 가면 재미가 없었어요.

민석이의 솔직한 이야기가 마음에 와 닿았다.

Q : 지금 여기까지 온 거 보면 아무 생각 없이 게임만 하진 않았을 것 같은데, 언제부터 게임을 조절하게 되었나요?

A : 게임을 많이 하다 보니 질려서 조금씩만 하게 되었어요. 뭐든지 실컷 하고 나면 그렇잖아요. 그런데 이젠 게임을 안 하면 할 수 있는 것이 없어요.

Q : 게임을 하면서 얻은 긍정적인 요소는 무엇인가요?

A : 목표를 가지면 마음가짐이 달라져요. 끝까지 해내야겠다는 생각이 들어요. 목표가 있으면 무엇이든지 이룰 수 있을 것 같아요.

Q : 게임하는 친구들에게 선배로서 한 마디 해주세요.

A : 시간을 정해놓고 하고, 할 일을 다 해놓고 게임을 했으면 좋겠어요.

민석이와 인터뷰를 하고 난 후 지금 가장 하고 싶은 것이 무엇인지를 물으니, 게임 프로그래머나 정보 보안 전문가라고 했다. 꿈을 이루는데 장애 요소로는 '무엇을 어떻게 해야 할지 모르겠다'는 것이다. 어디서부터 시작해야 하는지를 알 수가 없었는데 이 학교에 게임팀이 있다는 소식에 반가웠다고 하였다. 기회가 주어진다면 성공하기 위해 필요한 기본 과목들을 익혀나가며 컴퓨터 언어를 공부하고 성실한 태도로 목표를 만들어 가겠다고 하였다. 주변 사람들과도 서로 도움을 주고받으며 친밀한 관계를 유지하고 싶다고도 하였다.

민석이는 게임을 통해 가장 좋았던 것은 높은 순위에 올라갔을 때의 성취감이라고 했다. 스스로가 자랑스러웠고, 특히 중학교 때 친구들과 함께 한 팀을 이루어 우승했을 때는 더욱 만족스러웠다고 했다.

사실 민석이는 바둑으로 치면 거의 이세돌급인 게임의 달인이다. 어린 나이임에도 불구하고 재능이 특출하고 풍부한 경험을 갖고 있었다. 태권도도 3단이라고 했다. 하지만 공부에는 흥미가 없었다.

이런 민석이에게 부모님이나 선생님은 앞으로 어떤 것을 해줄 수 있을지 걱정하고 있었다. 어른들은 자신들의 편협한 잣대로 아이들을 평가하다보니 아이들의 재능을 제대로 알아보지 못하는 눈뜬 장님이 되는 경우가 비일비재하다. 오직 성적만으로 아이들을 평가하고 그 범위를 벗어나면 인정하지 않는 것이다. 하지만 민석이의 세계는 어른들이 가보지 못한 또 다른 새로운 길이었고, 이런 세계에서 민석이는 아주 뛰어난 아이였는데 그 특출함과 위대함을 너무 과소평가하고 있었다.

재능은 특정 분야의 일이 자신의 마음을 사로잡아 무한한 가능성을 분출하는 것이다. 우리의 획일적인 교육은 새로운 영역에 재능 있는 아이들을 인정하지 않는다. 대신 기존의 붕어빵 같은 교육의 틀로 아이들의 재능을 억누른다. 기성세대들은 아이들에게 최선책이라며 성적으로 평가하는 시스템이 얼마나 합리적인지를 강조한다. 하지만 이러한 시스템이 얼마나 많은 아이들의 재능을 가로막고 채 틔우지 못한 싹을 짓밟는지 곰곰이 생각해 보아야 한다.

민석이가 하고 있는 게임이라는 '금지된 즐거움'이 우리가 인식하고 있는 것보다 창조적인 가치가 있는 일이라는 것을 이해해야 한다. 게임은 앞으로 기대되는 유망사업 중 주요 신산업으로 자리잡았고, 경제적으로 시장 규모도 커졌다. 이제 게임은 부정적인 놀이가 아닌 창의적인 가치가 있는 성장동력임을 인식해야 한다. 학교나 가정에서도 게임하는 아이들에 대해 부정적이기보다 긍정적인 시선으로 바라봐야 할 때이다.

방황과 좌절에서 벗어나는 '인생 정거장' 만들기

_병호의 방황과 좌절을 의욕으로 바꾼 '인생 정거장' 만들기

마음 톡!  _꿈을 포기하고 싶을 때가 있다. 아이에게 꿈을 새롭게 바라보는 눈을 키워주자.

"병호는 아주 착한 아이예요."

담임 선생님의 소개말이다. 그런데 '무엇을 해야 할지 모르겠다'며 방황을 한다고 한다.

병호에게는 게임 제작자가 되고 싶다는 확실한 꿈이 있었다. 하지만 병호의 인생에서 첫 정거장으로 삼은 게임 제작이 현실적으로 자신의 생각과는 많이 다르다는 것을 피부로 느끼고 있었다. 게임이 좋아서 관련된 직업을 갖기 위해 노력하고 있는데 실제로 게임을 좋아하는 것과 게임을 만드는 것 사이의 엄청난 차이를 실감한 것이다. 이러한 현실에 부딪히자 마음 속에 갈등이 생겼지만 아무에게도 그 사실을 말하지 못하고 혼자 어두운 방에 고립되어 힘든 시간을 보내고 있었다. 학교에 잘 다니다가도 며칠씩 아무 연락 없이 결석을 하기도 했다.

게임 쪽으로 관심 있는 아이들을 만나보면 대부분 말수가 적고 내성적인 경우가 많다. 그래서 처음에 이야기를 끄집어내는 데 시간이 걸린다. 또한 게임과 관련된 용어들이 영어로 되어 있어서 대화를 하다가 이해하지 못하는 경우도 발생하고 내가 알지 못하는 게임과 관련된 단어를 사용할 때는 아이들이 답답해 하기도 한다. 게임의 발전 속도가 빨라지면서 이에 대응하는 아이들은 다른 관점에서 첨단의 영역을 걷고 있는 선두주자라고 볼 수도 있다. 그러다보니 이와 관련된 대화 상대를 찾거나 정보를 얻는 것이 쉽지 않다.

　병호는 안경을 쓰고 있었고 다소 헐렁한 바지 차림으로 교장실에 들어왔다. 어색해 하는 모습에 "물 마실래?", "커피 마실래?"라고 물었더니 괜찮다고 했다. "그러면 초코파이 줄게."하며 손에 초코파이를 쥐어 주자 어색한지 고개를 숙이고 초코파이 봉지를 만지작거렸다.

　먼저 마음을 열 수 있는 놀이를 하기 위해 자리를 상담 테이블로 옮긴 후 슬며시 내 운동화 끈을 풀었다. 풀어진 운동화 끈을 같이 묶어보자는 제안에 병호는 어리둥절하며 내 얼굴을 빤히 쳐다보았다. "서로 한 손만 사용해서 같이 끈을 매는 방법인데 할 수 있겠지?"라며 놀이에 대한 설명을 해주었다. 선생님이 최근에 알게 된 놀이 중 하나인데 재미있으니 한번 해보자고 했다. 내가 오른손을 사용하고 병호는 왼손을 사용했다. 둘이서 허리를 숙이고 운동화 끈을 묶는데 생각보다 쉽지 않아 몇 번이나 묶고 풀기를 반복했다. 잠시 끈 매는 것을 멈추었다.

　"왜 안 될까?", "이상하다. 모르겠어요." 서로 이야기 하다가 아하! 운동화 매는 방법이 서로 다르다는 것을 알았다. 병호는 끈의 끝을 반으로 접어서 묶으려고 하고 나는 묶은 후 접으려고 했던 것이다. 서로 매는 방법이 다르다는 것을 인지하고 난 후에는 병호가 내 방식으로 따라와 운동화 끈을 제대로 묶을 수 있었다. 성공을 하니 기분이 좋은지 병호가 활짝 웃었다. 지금 이 순간의 기분을 물으니 엉뚱하다고 했다. 엉뚱하다고 표현하는 병호에게 슬쩍 질문을 던졌다.

"병호는 자신이 어떤 사람이라고 생각해?"

자신은 무엇이든지 열심히 하는 스타일이라고 했다. 특히 게임, 축구, 끝말잇기를 잘한다고 하였다. 그래서 스스로 자신을 표현할 수 있는 단어를 선택해 보라고 하였다. 병호는 거침없이 희망, 꿈, 열정, 끈기, 리더십이라고 표현했다. 자신은 무엇이든지 하겠다고 마음을 먹으면 성실하게 해나가는 사람이라며 긍정적 모습을 보였다. 사실 아이들에게 던지는 질문은 옳고 그름을 판단하려는 것이 아니다. 자신에 대해 스스로 어떤 생각을 갖고 있는지를 파악하기 위해서다. 하지만 이런 질문에 아이가 답변을 제대로 하는 경우는 많지 않다. 그래서 아주 쉽고 간단한 질문이라도 상대방을 잘 관찰한 후 진심으로 물어보아야 한다. 그래야 상대가 호의를 느껴 마음 속에 있는 이야기를 꺼낸다. 병호가 열심히 운동화 끈을 매는 모습을 보고 있다보니 문득 '이 아이는 어떤 아이

일까' 하는 궁금증이 생겨 '너는 어떤 사람이냐'고 질문을 하게 되었는데 병호가 진심어린 대답을 자연스럽게 해 주었다.

시간이 지날수록 병호의 표정이 점점 밝아지기에 정말 하고 싶은 일이 무엇인지 알고 싶다고 하였다. 병호는 펜을 들더니 순식간에 자신이 원하는 것들을 써내려갔다. 배에 왕(王)자 근육 만들기, 영국에 가보기, 명품으로 온몸 치장하기, 100만 원 손에 쥐어 보기, 강아지 키우기, 영어 마스터하기, 하루 종일 누워있기, 죽는 순간에 후회하지 않기 등 20여 가지를 써 내려갔다. 이렇게 하고 싶은 게 많은데 그것을 발산할 수 있는 여건이 되지 않아 힘들어 했다는 것을 생각하니 안쓰러운 마음이 들었다.

그래서 병호에게 인생 정거장을 한번 만들어 보자고 하였다. 이 작업을 통해 스스로의 삶을 조명해 보려는 것이다. '만약에'라는 가정으로 접근하니 가상의 다양한 삶에 도전할 수 있으며, 상상의 날개를 펼치다 보면 스스로를 고립시키는 상황을 막을 수 있기 때문이다.

10대부터 60대까지 나이 별로 '해야 할 일'을 생각하고 써 보는 것이다.

10대 : 훗날 후회하지 않기 위해서라도 잠시 '하고 싶은 일'은 접어두고, 미래를 위해 열심히 공부해서 '더 나은 꿈' 꾸기

20대 : 많은 자격증을 따기 위해 자기 계발에 모든 힘을 쏟아 부어야 할 시기

30대 : 맡은 일에 충실하여 자만하지 말고 매사 철두철미하고 실수하지 않기 위해 노력하기, 결혼 준비하기

40대 : 슬슬 노후를 준비하면서 예전보다 더 열심히 이리 뛰고 저리 뛰어

저축하기

50대 : 그동안 일에 찌들어서 산 자신의 삶에 보상하기 위해, '못 해본 일', 또 '하고 싶었던 일'을 마음껏 즐기기

60대 : 자신의 인생을 되돌아보면서 후회할 건 하고, 자랑스러운 건 기뻐하면서 자신의 인생을 잘 판단하기

병호는 서툴지만 차곡차곡 인생 계획을 채워나갔다. 어리다고 생각했는데 표현한 것은 제법 어른스러웠다.

앞서 병호의 꿈은 게임 제작자라고 하였다. 꿈에 한 발짝 다가가기 위해서 졸업하기 전에 친구들과 팀을 이뤄 게임을 만들어 보고 싶다고 하였다. 그러기 위해서는 수업에 충실하고 관련된 자격증을 꼭 따겠다는 약속을 하였다. 취업도 게임 관련된 일에 종사하며 남들보다 더 노력해서 멋진 추억을 가지고 친구들을 만나고 싶다고 하였다.

"내 미래를 생각해 볼 수 있어서 좋았어요. 나중에 늙어서 되돌아 볼 때 '아, 정말 잘 살았구나!'라고 말할 수 있는 인생을 살 수 있을 것 같아요."

병호는 활기찬 모습으로 미래의 자신을 떠올리며 소감을 말했다. 사실 상담 초기에는 아이들에게 많은 것을 기대하곤 했다. 그러나 세월이 흐른 지금은, 상담할 때 아이들이 밝은 표정으로 웃고 마음을 열어 자신의 이야기를 하는 것만 보아도 보람을 느낀다. 어떤 경우에는 아이들의 얼굴과 목소리만으로도 진심을 느낄 수 있다. 그 순간은 나에게 다른 그 무엇보다도 커다란 축복의 시간이다.

병호는 자신의 인생 정거장을 바라보면서 다시 의욕을 찾기 시작했

다. 삶을 불평하며 기다리기보다는 경이롭게 바라보는 것이, 고립되거나 두려움을 막는 데 도움이 된다는 영국의 소설가 G.K 체스터튼의 말이 새삼 생각이 났다.

만일 아이의 꿈이 게임과 관련된 일인데 무엇을 해야 할지 막막해 한다면 먼저 자신이 할 수 있는 일의 목록을 쓰게 하자. 그 중 실현 가능한 한 가지를 정해 오늘 당장 해야 할 일을 계획하게 한다. 대부분의 사람들이 지금 당장 계획한 일을 실행하라고 하면 두려워하는데 그것은 두려움이 아니고 게으름일 수 있다. 따라서 이러한 감정을 구분할 수 있도록 도와주고, 할 일을 나이별로 구체화시켜 글이나 그림으로 계획을 세운다.

지금 자신이 하는 일이 불만스럽고 의욕이 없을 때 나이별로 정거장

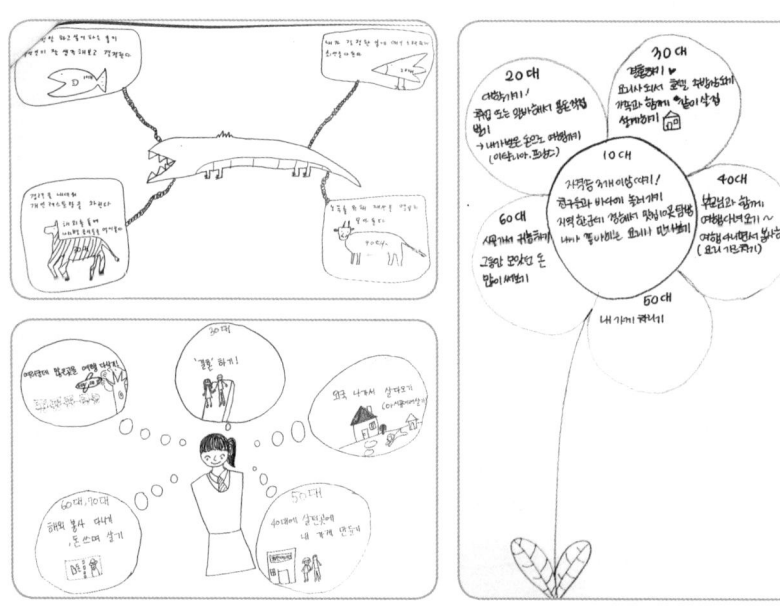

인생 정거장 만들기

을 확보해 두면 실현 가능하다는 현실적 동기부여가 될 수 있다. 30대는 집 근처 멋진 커피숍, 40대는 집에서 잘 때 쓰는 포근한 베게 등을 정해본다. 때때로 힘이 들 때 인생 정거장을 바라보며 의도적으로 '하고 싶은 일'을 생각하면 기분전환이 된다. 이러한 방법은 심리적·환경적으로 긍정적 변화를 체험하는 데 도움을 줄 것이다.

게임하는 아이들,
'게임이 나에게 미치는 영향'에 답하다

_게임 좋아하는 아이들의 글
-게임의 장·단점과 나와의 관계를 말하다.

 마음톡! _게임이 나에게 어떤 영향을 미치는지 아이들이 더 잘 알고
있다.

중·고등학생을 대상으로 실시하는 게임 과몰입 재능개발 및 치유 프
로그램 2기를 시작했다. 게임에 관심이 있는 학생과 게임으로 인해 힘들
어 하는 아이들이 모였다. 출석을 확인한 후 간단한 일정소개 및 입소
식을 마치고 바로 게임에 들어갔다.

pc방 교실

교실은 일반 교실과 다르게 좌석을 배치했다. 한 줄에 7개의 게임용 PC가 있는데 칠판 쪽을 향하지 않고 서로 마주보게 놓았다.

교실에 들어서자마자 아이들은 자연스럽게 자리에 앉아 익숙하게 컴퓨터를 켰다. 서로 모르는 사이라 분위기가 어색해서 간단하게 일정을 소개하고 수업을 시작하였다.

게임 전문가 선생님은 아이들과 게임 이야기를 나누며 아이들의 게임 수준을 레벨별로 파악하여 팀을 구성하였다. 5명씩 롤(LOL) 팀을 나누기로 하였다.

"브론즈는 여기 서고, 실버는 이쪽, 나머지는 다이아. 자! 됐지?"

아이들 표정은 사뭇 진지하였고, 마치 이길 수 있는 전쟁터에 나가는 듯 활기가 넘쳤다. 1, 2교시에는 게임을 실시하고, 3교시부터 5명씩 집단 면접을 실시했다.

게임을 하는 아이들은 구김살 없고 정말 행복해 보였다. 공식적인 공간에서 마음놓고 게임을 할 수 있다는 사실이 아이들을 편안하게 한 것 같다. 게임 해설가 '조이럭'으로 유명한 윤덕진 선생님이 아이들의 게임 수업을 진행하였다. 일반적으로 수업시간에 앞으로 나오라고 하면 쭈뼛대기만 하는데, 이 수업에선 아이들이 적극적으로 손을 들고 나오는 모습이 신기하다고 하였다. 팀을 구성하고 나니 어색했던 분위기는 어느새 사라지고 각자 팀의 일원으로 결속력 있는 관계가 되었다.

게임이 시작되고부터는 말이 없어지고 긴장감이 돌았다. 간간히 한숨소리와 웃음소리가 터져 나왔다. 게임 선생님이 지나다니며 지도를 하니 아이들의 집중력은 더 높았다. 첫날은 온전히 게임만 했다. 이 프로젝트를 구상할 때 가장 중점을 둔 요소가 아이들이 무엇을 제일 좋아하는지였기에 아이들이 가장 좋아하는 게임을 먼저 시작한 것이다. 두 번째는, 공식적으로 유명한 게임 전문가 선생님을 모셔 게임과 관련된 내용을 체계화시킨다면 게임에 대한 인식이 긍정적으로 바뀔 것이라는 자신감이 있었다. 이런 계획 아래 아이들과 면접을 하면서 하루에 어느 정도 게임을 하는지, 게임은 언제부터 시작했는지, 자신의 꿈은 무엇인지를 상담했고, 이 프로젝트에 참가하게 된 동기를 묻기도 하였다.

왜, 이 프로그램에 참여하고 싶었는지 물어보았다.

고등학교 1학년 진규는 친구의 권유로 시작하게 되었고 게임과 관련된 것을 더 공부하고, 실력이 되면 중국 쪽으로 진출하고 싶다고 했다. 또 자신의 게임 방법에 대해 피드백을 받고, 팀 게임도 배우고 싶어했다. 초등학교 3학년부터 게임을 시작했는데 너무 재미있었고, 중학교 2학년 때에는 매일 새벽 4시까지 하였는데 친구보다 잘 하고 싶은 욕구가 강했다고 했다.

다른 친구는 중학교 1학년 때 게임을 시작하였고, 먼저 1기에 참여했던 형이 재미있다고 추천을 해주어 설레는 마음으로 참가하게 되었다고 했다. 평일에는 2시간 정도 게임을 하고, 주말에 더 많이 한다고 했다. 규호는 평일에는 엄마가 게임을 하지 못하게 한다고 했다. 주석이는 친구를 따라서 왔는데 흥미로워 보였고, 게임을 더 잘할 수 있을 것이라는 기대가 있다고 했다.

대부분의 아이들이 게임을 시작한 것은 초등학교 4, 5학년 때부터이다. 게임을 하게 된 이유는 재미와 성취욕이 있다고 했고, 마술처럼 신기하다고 표현하는 친구도 있었다.

게임을 하면서 놓친 게 있다면 무엇이 있는지 물었다.

게임 때문에 성적이 떨어지거나 학원 숙제를 하지 못했다는 아이도 있었다. 또 게임을 하다보면 흥분하여 욕을 하게 된다고 했다. 하지만 자신이 욕을 하면 상대방은 더 심하게 욕을 하여 마음이 많이 상하게 된다고 했다. 시간이 지나고 나서 생각하니 자신이 너무 철이 없었던 것 같다고 하였다.

게임 수업과 면접 과정을 마치고 나서 '게임이 나에게 미치는 영향'에 대해 진지하게 글 쓰는 시간을 가졌다.

> 양원 : 게임은 나에게 좋은 영향과 나쁜 영향 두 가지를 다 주었다. 좋은 영향은 학원, 집, 학교로 반복하여 힘이 드는데 게임을 하면 반복되는 게 없고 친구들이랑 할 수 있고, 친구들과 더 오랜 시간 있을 수 있어 좋다. 나쁜 점은 공부를 많이 하는 편이었는데 공부할 시간에 게임을 하니까 성적이 조금씩 떨어지는 것 같다. 또 게임할 때 집중해서 하니 머리가 아프다.
>
> 범수 : 게임할 때 게임만 집중하게 되어 내가 해야 될 일을 미루고 귀찮아한다.
>
> 한경 : 게임을 하면 즐겁고 스트레스를 받지 않고 할 수 있는 게 좋다. 하지만 공부하는 데 게임이 생각날 때가 있어 공부에 집중이 안 된다.
>
> 정민 : 친구들과 놀 수 있는 장난감 같다.

그밖에 아이들은 친구들과 공감대가 형성되어 좋다는 반면, 가족들과 지내는 시간이 줄어들고 건강이 나빠졌다고 했다. 게임이 자신의 인생에서 커다란 동기부여를 해주었고 게임을 하면서 사람들과도 친해지고 관련된 직업을 가질 수 있어 좋다는 아이, 공부를 싫어하는 자신에게 새로운 전환점을 만들어 주었다는 아이, 또 성적은 중하위권인데 게임은 유일하게 학교 안에서 순위권이어서 자신감을 세워준다는 아이, 어릴 적 꿈이 운동선수에서 게임과 관련된 것으로 바뀐 아이도 있었다. 중독성이 있는 것 같다거나 게임할 시간에 다른 것을 했으면 좋았을 것 같다며 후회하는 경우도 있었다.

아이들이 써 놓은 내용들은 전반적으로 게임을 재미있어 하면서도 걱정하는 모습이 역력했다. 〈죽음의 수용소〉 저자로 잘 알려진 빅터 프랭클 박사는 아우슈비츠에서 살아남은 사람은 건강한 사람이 아니라 자신의 삶에서 어떤 의미를 찾아내려고 노력하는 사람이었다고 한다. 이번 프로그램이 아이들에게 긍정적 영향을 미치는 어떤 의미를 찾는 통로가 되었으리라 생각한다.

자신의 삶에 긍정적 의미가 있는 선택은 개인의 자존감과 연결되어 있다. 대부분 사람들이 자존감은 태어날 때부터 갖는 것으로 생각하기 쉽지만 사실은 그렇지 않다. 자존감은 살면서 반복적 연습을 통하여 얻게 되는, 인생 전반에 걸쳐 습득해 가는 내면의 기능이다. 자존감은 자신의 단점을 부정하는 데서 오는 것이 아니고 받아들이는 데서부터 시작한다. 그래서 처음이 어렵다. 자신의 열등감을 인정한다는 것은 너무 아프기 때문이다. 아이가 하는 게임 용어부터 알고 접근하는 방법도 아이들의 보이지 않는 자존감을 세워주는 계기가 된다. 거기에 놀이까지 하고 나면 아이 입에서 왜 게임을 하는지, 또 자신이 무엇을 해야 하는지 등의 내면의 소리를 들을 수 있다.

　나다니엘 브랜든은 자존감이 천부적으로 생기는 게 아니라 습득하고 터득해야 하는 삶의 기능이라고 설명한다. 자기를 긍정하고 자기 삶에 책임을 지며 주체적으로 사고하고, 고독을 참아 내며 성실성과 정직성을 유지할 수 있으려면 자기 존중감이 있어야 한다. 또한 자존감의 기반은 자기의 장점과 단점에 대해 충분히 인식하고 받아들이는 태도에서 비롯한다.

게임과 지각을 반복하는, 이유 있는 반항

_자신과의 대화를 통해 게임과 지각이라는
나쁜 생존법에서 벗어난 지태

마음 톡!  _지각과 반항은 마음속 결핍감의 미숙한 처리방법일 뿐
이다.

　밤새 게임을 하느라 매일 지각하는 아이가 있다며 담임 선생님이 상
담을 요청했다.

　지각하는 문제는 간단한 것 같지만 사실은 학교생활의 기본이며 출
발이라는 의미에서 중요하다. 아이들마다 지각하는 이유는 다 다르다.
그래서 지각한다고 벌을 주는 방법 말고 다른 방법이 없을까 고민을
하다가 지각하는 아이들을 맞이하기 위해 전철역 근처를 돌아보았다.
지각생들은 교장선생님인 나를 보고 깜짝 놀란다. 그 모습을 보며 웃
으면서 "아침은 먹었니?" 하고 편안하게 물어 보면 아이들이 미안해하며
"늦잠을 잤어요.", "아파서 병원 갔다 왔어요." 등의 이유를 먼저 이야기
한다. 물론 거짓말을 하는 아이도 있다. 그렇지만 그 거짓말 속에는 말
못할 사연들이 있는 경우가 많다. 엄마가 깨워주지 않아서 늦은 아이,

가정 형편이 힘들어 밤새 고깃집에서 아르바이트 하는 아이, 밤늦게까지 게임하다 늦는 아이 등 정말 지각 사유도 다양했다. 아이들의 이러한 행동은 자신의 생활이 버거워 그것을 이겨내지 못하는 일종의 회피 기제라고도 볼 수 있다. 지태라는 아이의 반복되는 지각에도 다 이유가 있었다.

회색 후드티를 입고 엷은 화장을 한 고등학교 1학년인 지태가 오후에 상담실을 찾아 왔다. 지태에게 커피, 물, 초코파이 무엇을 줄까 물으니 "다 주세요."라고 밝게 대답했다. 커피를 마시면서 아이의 목에 걸린 십자가 목걸이를 보고 "교회 다니니?"라고 말을 건네니 "불교에요." 하는 반전의 대답에 같이 웃었다. "그런데 왜 십자가를 달았니?" 묻자 "아, 네 멋있어서요."라는 명쾌한 답변을 했다. 아이들을 만나다 보면 예상이 빗나간 경우가 많은데 지태도 그랬다. 매일 지각하는 이미지 때문에 성실하지 못하거나 진지하지 못할 것이라는 선입견이 있었다. 이러한 선입견은 실제로 아이가 자신의 생각을 진솔하게 표현하는 모습을 보면서 바뀌는 경우가 비일비재하다. 오히려 활달한 아이들이 공부에 짓눌려 있거나 자신의 생각을 표출할 기회가 막혀있다고 생각할 때 돌발적인 행동과 일탈 방법으로 자신을 표현하는 경우가 종종 있다.

자리를 원탁 상담 테이블로 옮겨 먼저 동전을 가지고 손바닥에 동전을 숨기고 찾는 '동전 업다운' 놀이를 했다. 동전 업다운 놀이는 100원 짜리 동전을 손바닥에 숨기고 찾는 놀이이다. 먼저 상대방에게 눈을 감으라고 하고, 눈을 감은 것을 확인한 후 손을 책상 바닥에 놓고 손바닥으로 동전을 소리 나게 왔다 갔다 한다. 양 손바닥 중 한 쪽에 동전을 숨기고 어느 손에 동전이 있는지 상대방에게 눈을 뜨고 찾게

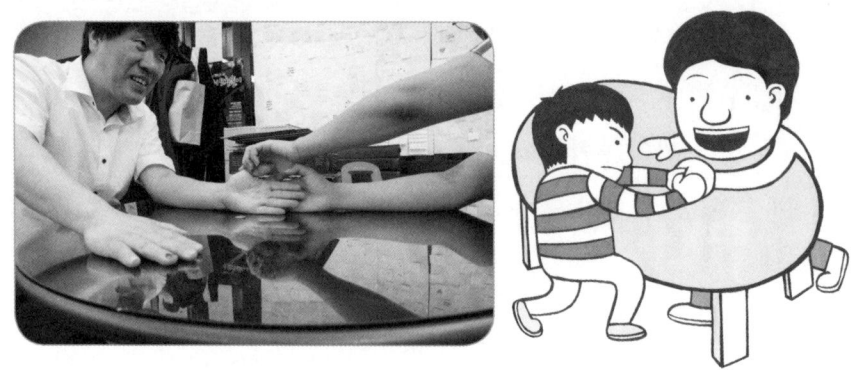

한다.

동전을 찾으라고 하면 대부분 손가락으로 가리킨다. 그때 두 손을 사용해 손바닥을 뒤집어 찾으라고 알려 준다. 동전을 찾으려는 사람이 두 손에 힘을 주면 동전을 숨긴 사람도 손이 뒤집히지 않기 위해 온 힘을 준다. 단순한 동전 찾기 놀이가 아니라 어찌 보면 찾으려는 사람과 못 찾게 하는 사람의 힘싸움이라는 의미에서 팔씨름과 같이 묘한 승부욕이 생긴다. 아이들은 짧은 순간 동전 찾기에 온 힘을 쏟고 집중하며 아주 재미있어 한다. 처음 시작할 때 내담자에게 동전이 있는지 물어 보는 것으로 대화를 시작하면 효과가 더 크다. "너 동전 있니?" 하고 물으면 호주머니에서 동전을 찾는다. 있으면 내담자의 것을 쓰고 없으면 미리 준비한 동전을 사용하면 된다. 이 놀이는 구체적인 상담에 들어가기 전 마음을 여는 데 최고의 방법이다. 지태도 동전이 숨겨져 있는 내 손을 두 손으로 뒤집으면서 즐거워했다.

"상담 오기 전에 무슨 생각을 했어?"

"무슨 말을 해야 할지랑 어떤 조언을 들을지 궁금했어요."

지태는 생각보다 상담에 적극적이라 지금 기분이 어떤지 물었더니 재미있다고 했다. 자연스럽게 '재미'라는 단어와 연관된 일들에 대해 대화를 나누었다. 아침에 친구랑 놀 때, 하교 후에 놀 때, 그리고 자신이 원하는 것을 할 때와 일이 잘 풀릴 때가 재미있다고 하였다.

이어서 '재밌다'의 반대는 무엇이냐고 물었다. '슬프다'라고 하였다.

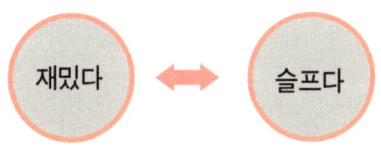

반대의 감정을 들여다 보면 아이의 문제를 찾을 수 있다. 지금 현재 자신이 어떤 상황인지 똑바로 바라보는 것에서부터 아이의 변화가 시작되기 때문이다. 따라서 지태의 경우 '슬프다'라는 감정을 통해 자신의 문제를 바라보고 그 지점을 시작으로 긍정적인 변화를 끌어낼 수 있다. 슬픈 감정이 언제 느껴졌는지 떠올려보라고 했더니 선생님이 나누어 준 생활기록부의 출결상황을 보고 자신의 미래가 몹시 걱정되었다고 하였다. 지각을 자주하던 습관이 잘 고쳐지지 않는 것과 화가 나면 자제하지 못하고 어른들에게 거친 언어를 사용하는 것이 슬프다고 했다.

지태의 경우는 이런 습관들이 자신의 미래를 불안하게 하고, 잘못된 습관이 고쳐지지 않는 것에 대해 자책을 하고 있었다. 지태는 마음 속으로 자신의 문제점을 인식하고 있기 때문에 단시간에 행동이 고쳐지지 않더라도 믿고 기다리면 바로잡을 수 있는 아이였다. 그런데 기다리지 못한 아버지로 인해 대화가 단절됐고 결국 관계가 나빠졌다. 아버지는 자신이 하는 일마다 사사건건 반대를 하였고, 친구들과 놀다가도 아빠가 정해놓은 통근 시간에 맞추어 집에 들어가야 해서 그 때마다 속상하다고 했다. 이런 일이 반복되면서 아이는 마음의 문을 닫아버리게 되었다.

마음 속에 있는 생각을 이야기하고 난 후 아이의 감정을 물어보았다. 재미있는 이야기를 할 때는 그 때의 상황이 떠올라 기분이 좋지만, 슬픈 일을 말할 때는 나쁜 기억 때문에 기분이 다운된다고 했다. 지금도 단점을 고치려고 노력하고 있는데 아직 나아지지 않은 것이 아쉽다고 했다. 하지만 지태뿐만 아니라 대부분의 아이들이 표면적으로 드러나는 문제 외에 마음 속 깊은 곳에 다른 상처들을 안고 사는 경우가 많아 세심한 관찰이 필요하다.

다행히 지태는 학교 선생님이 인생의 멘토처럼 조언해 주고 자신의 이야기도 잘 들어주어 마음 속에 응어리졌던 것들이 다소 해소될 수 있어 항상 감사하다고 했다.

미국의 어느 섬에 알코올 중독자들이 많아 섬 전체에 문제아가 많았다고 한다. 하지만 열악한 환경임에도 불구하고 잘 성장한 아이들이 있어 한 연구자가 이유를 추적하였다. 연구 결과 한 사람만이라도 그 아이를 지지해 주고 믿어 준다면 주변의 영향을 받지 않고 반듯하게 성장할 수 있다는 것이다. 이 결과에도 나타나듯이 주변에 단 한 명이라도 자신을 이해하는 어른과 소통할 수 있다면 아이들의 성장에 지대한 영향을 미칠 것이다.

지태의 꿈은 세계적으로 유명한 프로그래머가 되는 것이다. 꿈을 이루는 데 장애요소로는 지각을 자주 하는 것이라고 했다. 일반적으로 아이들은 자기 문제를 누군가에게 솔직하게 이야기하면 답답했던 마음이 시원해지고 편안해진다고 하였다. 불안한 마음에서 오는 어둡고 부정적인 생각이 대화를 통해 긍정적인 생각으로 변하면서 자신의 내면이 환해지기 때문이다. 이렇게 긍정적인 생각으로 하고 싶은 일을 하면 실천하고자 하는 의지가 강해진다. 지태는 내일부터 집에서 일찍 나오고 게임도 줄이겠다고 다짐했다. 꿈을 이루기 위해 필요한 영어 회화도 공부하고, 어른들한테 버릇없이 굴지 않고 한번 더 생각하고 말씀드리겠다고 했다. 지금 생각한 것을 꼭 이루겠다고 다짐하는 글을 쓰면서 상담을 마쳤다.

"저요, 진짜 나중에 크게 성공할 것 같은 느낌이 들어요. 선생님과 약속을 해서 신뢰감도 중요하고 저 자신과도 약속했기 때문에 의지만 있으면 바뀔 수 있을 것 같아요."

지태가 환하게 웃으며 너스레를 떨었다.

상담을 마치고 1주일 후, 지태가 지각을 한 번도 하지 않았다는 반가운 소식을 전해 들었다. 시간이 흐른 후 지태가 카톡으로 다음과 같은 소식을 전해 주었다.

> 교실에서 수업을 하는데 너무 피곤했지만, 상담한 내용과 해주신 말씀이 떠올라서 피곤한 것도 이겨내고 수업을 잘 하고 마무리도 잘 하고 있어요.

지태는 권위적인 아빠가 자신을 통제하는 데 불만을 품고 밤늦게까지 게임을 하거나 지각을 하며 자신의 감정을 표출하고 있었다. 하지만 지태가 진심으로 원했던 것은 아빠의 사랑이었다. 충동적 행동의 반복은 죄의식으로 확대되어 마음 한 곳에 스스로 옥죄는 감옥을 만들게 된다. 이러한 생존방식에서 벗어나는 방법은 아주 자세하고 구체적으로 스스로와 교감할 수 있는 기회를 갖게 해주는 것이다. 지태는 재미와 슬픔을 드러내어 구체적으로 자신과 대화하면서, 게임을 줄이고 지각하지 않는 새로운 습관을 갖게 되었다.

◆ 나쁜 습관을 버리는 약속

나쁜 습관을 고치기 원하다면 내면의 소리에 귀기울여 대화를
해야 한다. 대화를 하기 전에 팔씨름이나 앞에 설명한 동전 찾기
활동같은 가벼운 놀이를 한두 가지 한다. 마음을 열기 위한 준
비 활동이라 생각하고 자유롭게 시도를 한다. 하지만 평소에 아
이들과 놀아 본 경험이 없는 사람은 어색해질 수 있으니 심호흡
을 한 후 용기를 내어 시작해야 한다. 그런 후 아이에게 기억하고
있는 과거를 떠올려 보라고 하며 과거여행을 한다. 떠오는 기억
을 가지고 구체적인 대화를 할 수 있다면 더욱 바람직하다. 가장
좋았던 여행지가 어딘지, 가장 힘들었던 시절은 언제였는지 등을
기억하고 그것을 글로 써 본다.

- 장소 : 초등학교 때 놀던 마을 앞 개울
- 시작 : 친구들과 방과 후에는 마을 앞 개울을 모래로 막고 그 곳에
  서 놀았다. 그때를 생각하면 나도 모르게 개울 옆에 우거졌던
  나무들이 생각나고 그때 그 친구들이 보고 싶어진다.

- 장소 : 중학교 1학년 때 토요일 동네 공원 벤치
- 시작 : 저녁에 친한 민기가 피우는 담배를 나도 한 모금 피웠다. 그 이후
  로 계속해서 피게 되었다. 민기는 친한 친구였지만 지금은 보고
  싶은 마음이 없다.

그 동안 살았던 적이 있는 장소를 떠올리는 순간 올라오는 감정을 글로 써 보는 것이다. 이 방법은 무의식적인 행동과 관련된 자신의 솔직한 감정을 알아차리는 데 도움이 된다. 좋지 않은 습관은 대부분 우연히 형성되는 경우가 많고, 몸에 해로운 습관은 아주 쉽게 몸에 익숙해진다. 친구가 담배를 권유해서 호기심으로 피워본 것이 평생 습관이 된다. 우연히 형을 따라 PC방을 간 이후로 몇 년 동안 게임에 빠지기도 한다. 문제는 이렇듯이 단순한 행동에서 미치는 영향이 오래 간다는 것이다.

30분 정도 기억나는 여러 장소의 목록을 쓰도록 한다. 그 중에 가장 강하게 기억하는 것은 반복해서 써본다. 이것은 한 곳에서 다른 곳으로 이동할 수 있는 새로운 길을 만든다.

A장소에 있을 때 기분은 어때?

힘들어요.

…

지금 B장소는 기분이 좋아요 할 수 있을 것 같아요.

부정적 감정이 일어난 장소에서 긍정적 감정이 일어나는 장소로 옮겨간다. 그 상태에서 지금 당장 긍정적으로 고칠 수 있는 것을 같이 정해 본다. 목표를 너무 높게 잡지 말고 오늘 당장 할 수 있는 작은 일부터 시작한다. '지각하지 않기 위해 일찍 잔다' 등을 스스로 약속하게 한다. 작은 약속을 실천하는 힘은 나쁜 습관을 반복하려는 선택에 강력한 방패가 된다.

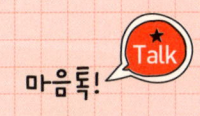

고신용_OP.GG_게임전문통계데이터제공서비스 편집장

01. 나는 언제, 어떻게 게임에 점점 빠져들게 되었나요?
02. 게임을 하는 시간이 하루 중 몇 시간이나 되나요?
03. 게임에 빠져 들면서 내 생활에는 어떤 변화가 왔나요?
04. 게임에 푹 빠진 이유는 무엇인가요?
05. 언제부터 스스로 게임하는 시간을 조절하거나 게임 말고 다른 것을 찾아야
     겠다고 생각했나요?
06. 지금 나는 무엇을 하고 있고, 앞으로는 무엇을 하고 싶나요?
07. 게임은 나에게 어떤 의미이며, 게임을 하면서 어떤 긍정적인 영향을 받았나요?
08. 게임을 좋아하는 후배들에게 어떤 얘기를 해주고 싶나요?

초·중학교 시절(90년대 후반)에는 슬슬 학부모들 사이에 학원 열풍이 불기 시작했고 그 덕분에 친구들과 만나서 놀기가 힘들었다. 학원을 다녀오면 남는 시간도 별로 없고, 자투리 시간에 조금이라도 놀 수 있는 건 책이나 TV, 그리고 게임밖에 없었다. 이후 콘솔 게임기로 시작해 PC를 구입하면서 게임을 더욱 즐기게 되었고, 지금까지도 좋은 취미생활이 되었다.

현재 게임을 3~4시간 정도 게임을 즐기고 있으며, 회사에서 점심 먹고 잠깐 즐기거나 퇴근 후 집에서 게임을 하고 있다. 게임은 취미 생활의 일종이라 내 생활 자체에 별다른 변화를 주진 않고 있다.

요즘은 혼자 있는 시간들이 많은데 게임은 짧은 시간 내에 혼자 즐기기 좋은 취미 생활이고, 큰 비용을 들이지 않아도 재미있어서 즐기는 편이다.

　게임은 벗어나야 하는 '무엇'이 아니다. 게임에서 벗어나 다른 것을 찾기보다는 내가 내 일(기자)을 열심히 해서 게임에 대한 인식을 전반적으로 바꾸고 싶다. 이를 현실화시키기 위해 업종을 바꿔 현재 게임 미디어에서 일을 하고 있다.

　게임은 나에게 재미이며 밥벌이이다. 게임을 하면서 좋은 사람들과 오랜 인연도 만났다. 또 사람들의 성격에 대해서도 배웠는데 게임을 하다보면 자신의 성격이 적나라하게 드러나는 경우가 많기 때문이다. 주변에 취미생활로 장려하고, 다른 사람들이 오해하지 않는 게임문화를 만들어 나가고 싶다.

　게임을 포함한 모든 취미생활에서 중요한 건 '자제'라고 생각한다. 일상생활에 피해가 가지 않도록 취미생활(게임)을 즐겼으면 좋겠고, 게임을 한다는 것에 부끄러움을 가지지 않았으면 좋겠다.

아이 스스로
성장할 시간이 필요하다
_학습과 쉼의 균형이 필요한 래원이

 마음 톡! _강요에 의한 끊임없는 배움은 실패자라는 불안감을 키운다.

학교에 pc방이 있다는 사실이 알려지면서 많은 사람들이 관심을 보이기 시작했다. 게임에 관심 있는 아이들은 사실인지를 확인하거나, 신기해하며 그 학교에 다니면 좋겠다며 부럽다는 말을 많이 했다. 한번은 제주도에서 전화가 왔는데 아들이 꼭 학교 PC방을 보고 싶어 한다며 방문이 가능한지 문의하였다. 학교에 가게 되면 아들과 관련된 상담도 하고, 아이가 게임에 재능이 있으면 지원해 주고 싶다고 하였다. 짧은 통화 가운데 래원이 부모님이 아이에게 지나치게 관심이 많다는 느낌이 들었고, 래원이는 그동안 이것저것 많은 것을 배우다가 게임을 도피처로 사용하지 않았나 하는 생각이 들었다.

래원이는 부모님과 함께 큰 수박을 두 개나 들고 밝은 얼굴로 방문을 했다. 마치 아는 집에 놀러온 듯이 편안해 보였다. 언론에서 학교에 대한 정보를 접해서 그런지, 정말 오고 싶은 마음 때문었는지, 아주 친근게 다가왔다. 함께 자리했던 게임 해설가 선생님과도 인사를 나눴다. 게임 해설가 선생님은 온라인 상에 게임 강의 동영상을 가장 많이 올린 분으로 게임을 한다는 친구들은 거의 다 알 만한 분이다. 래원이는 게임 방송에서 선생님을 보았다며 반색을 하더니 사진을 같이 찍으며 즐거워했다. 그날 학교에 행사가 있어서 게임 관련 전문가가 모였는데 불가리아에서 온 게임 기획자와도 같이 이야기를 나누었다. 평소에 만나기 힘든 사람들을 한자리에서 만났으니 래원이가 운이 좋았다.

래원이는 고등학교 3학년이다. 키도 크고 연예인을 해도 될 정도로 이목구비가 반듯하게 잘 생겼다. 인사를 나눈 후 먼저 궁금해하던 학교 PC방을 둘러보았다. 학교 내에서 공식적으로 게임하는 모습을 보니 신기한 모양이었다. 프로선수와 게임도 하고 대화를 나눈 다음 상담실로 자리를 옮겼다. 래원이와 바로 팔씨름을 하였는데 기분이 좋은지 아주 적극적이었다. 팔씨름을 하고 난 후 자리에서 일어나 발등 밟기를 시도했다. 금세 상황 판단을 하더니 아주 민첩하게 움직이며 발을 피했다. 계속 얼굴에 미소를 짓고 알아 듣기 힘든 재밌는 소리를 내며 즐거워했다.

"지금 기분이 어떠니?"

"SO SO 해요."

무슨 뜻인지 물었더니 약간 들뜬 표정으로 재미있다는 표현이라고 했다. 자연스럽게 대화가 이어지면서 재미있었던 일들에 대해 물어보았다. 아이의 관심과 집중을 끌어내는 가장 중요한 요소는 아이의 기분이다. 기분 전환을 한 후 이야기하다 보면 보이지 않는 실타래가 풀리게 된다. 그렇기에 아이가 마음을 닫고 자신의 이야기를 하지 않으면 다양한 놀이로 접근해서 마음을 풀어야 한다. 운동할 때 기본 체조를 하여 근육을 풀듯 마음의 근육도 풀어야 머리와 마음이 움직이기 시작한다. 머릿속에서 '야, 이제 네 이야기를 해도 돼.'라고 사인을 보낼 때를 기다리는 것이다. 한번 마음을 열기 시작한 아이들은 스스로 자신이 받아들일 것과 고쳐야 할 것을 구분한다. 따라서 상담자는 아이가 자신의 일을 구분할 때까지 기다렸다 한 가지씩 정리하고 실천할 수 있도록 마음의 기반을 마련해 주면 된다.

어느 정도 마음의 문을 연 래원이와 이야기를 이어갔다. 래원이는 어릴 때 영화에 반해 연기를 하고 싶어 연기 학원도 다니고, 소속사를 찾아보기도 했는데 마음대로 되지 않았다고 했다. 하지만 아직도 연기에 대한 꿈을 버리지 못했다고 한다. 피아노를 배울 때 처음에는 재미있었는데 나중에는 강제로 배우게 되었고, 태권도도 초등학교 때부터 중학교 3학년 때까지 했는데 많이 힘들었다고 했다. 자신의 이야기를 진솔하게 말한 후 기분을 물으니 남의 시선을 많이 의식한 것 같고 옛날 일을 떠올리니 신기하다고 했다.

아이들은 대부분 다른 사람에게 인정받고 싶어 한다. 특히 가장 가까운 부모님에게 인정받고 싶은 욕구가 가득하다. 그래서 부모님이 원하는 것을 이루고 싶은데 그것이 뜻대로 안 되면 오히려 '나도 열심히 하고 있단 말이야!'라며 모든 수단과 방법을 가리지 않고 또 다른 방법으로 인정받을 수 있는 것을 찾아 본다. 래원이는 현재 학교에 가지 않고 밤새 게임만 하는데, 게임에 집중하면 프로 게이머가 될 수 있기 때문이라고 했다. 그러더니 래원이가 갑자기 삶의 이유가 생겼으면 좋겠다며 지금의 상태가 마음에 들지 않아 학교를 자퇴하고 싶다고 했다. 하루하루가 공허하고, 자신의 인생이 마음대로 되지 않아 화가 나고 스트레스를 받는다고 했다.

"계속해서 그렇게 살면 어떻게 될 것 같아?"

"죽도 밥도 안 되고 망해요."

래원이는 뭐든지 잘하고 싶은 마음이 가득했다. 그러나 기존의 학교는 공부 외에는 다른 것으로 평가하지 않는다. 연기, 춤, 게임 같은 것으로 인정받고 싶은 래원이가 설 자리는 없었다. 그렇게 붕 떠 있는 자신의 상태를 인정하려니 두려움이 앞섰고, 두려움을 없애기 위해 게임에 더 집중하며 위로받고 있던 것이다.

그래서 래원이의 부정적인 감정과 마주하는 연습을 해 보았다. 먼저 내가 래원이에 대한 문장을 만들어 보았다. "내 삶이 맘에 안 들어. 그래서 죽도 밥도 안 되는 삶을 살고 싶다."고 말했더니, 래원이가 발끈하며 "아니예요. 잘 살고 싶어요!"라고 했다. 래원이가 입으로 말한 것을 내가 직설적으로 표현한 것이다. 내가 이 문장을 읽자 몸을 앞으로 세우고 목소리 톤을 높이며 그렇게 살지는 않겠다고 했다. 왜 자기를 무시하느냐는 표정으로 이런 상담은 하고 싶지 않다는 무언의 부정적 시선을 보냈다. 이럴 때는 단호하면서도 무감각하게 대해 주어야 한다. 상담을 그만해도 된다는 마음으로 대응해야 한다. 아이에게 동정심을 느껴 아이의 비위를 맞추어 주면 안 된다. 이런 래원이와 분위기를 바꾸기 위해 미래의 나를 바라보기로 했다.

미래의 나를 바라보는 것은 삶에는 정확하게 원인이 있어야 결과가 있다는 것을 알게 해준다. 그래서 '만약에'라는 가정으로 대화를 꾸며 보면 긍정적인 미래의 나를 그려보면서 자기 신뢰 회복에 도움을 된다.

30살인 래원이가 지금의 래원이에게 들려주고 싶은 이야기를 편지로 써 보자고 했다. '잘했어 래원아, 네가 19살에 네가 하고 싶었던 것을 해냈구나. 앞으로도 네가 원하는 것을 계속했으면 좋겠어. 힘내고 건강하게 오래 살아!' 그러면서 자신의 꿈은 프로 게이머라고 했다. 프로 게이머가 되어 억만장자가 되고 싶다고 했다. 사랑하는 사람이랑 살면서 자신의 아이는 원하는 일을 하게 해주고 싶고, 그러기 위해서 열심히 살아야겠다고 했다. 그리고 앞으로 시간을 잘 활용하겠다는 말도 덧붙였다.

"나 자신을 모르겠어요."

래원이는 이야기가 끝나자마자 자신을 모르겠다고 마무리지었다. 학교에 가는 것이 너무 싫고 시간이 아깝다고 했다. 어렸을 때 이것저것 배운 시간도 아깝다며 앞으로 무엇을 해야 할지 걱정이라고 했다.

래원이와 상담할 때 여러 번 당황한 적이 있었는데 처음 만났을 때의 밝은 표정과는 너무 다른 부정적인 마음 때문이었다. 감정의 기복도 심해 학교에 다니는 것이 무의미하다면서 또 한편으로는 학교에 가지 않으면 안된다며 스스로 자책하고 혼란스러워 했다.

자세히 살펴보니 그동안 래원이는 무슨 일이든지 잘 해야 한다는 부담감에 피아노, 태권도, 연기 등을 전전하며 주어진 스케줄을 잘 따랐지만 마음은 감당하기 힘이 들었던 것이다. 시간이 흐르면서 본인의 의지와 상관없이 기계처럼 움직이고 있다는 사실에 어느 순간부터 스스로를 환자로 여기기 시작했다. 결국 자신이 좋아하는 것을 부모님이나 주변 사람이 방해한다고 생각해 분노를 표출하는 일이 빈번해졌다. 래원이는 마음의 신념 신호 체계가 무너져 가고 있었던 것이다. 또한 자신이 좋아하는 게임을 한다 해도 이미 마음 속에 두려움과 수치심이 자라고 있어 부정적 감정을 없앨 수 없었다. 사실 래원이와 유사한 아이들은 우리 주변에서 흔히 볼 수 있다. 아이들의 하루 일정을 부모가 정하면서 스스로 성장할 수 있는 환경을 만들어 주지 못하고 아이의 의견을 무시하기 때문이다. 아이들에게는 학습할 수 있는 시간과 놀거나 쉴 수 있도록 적절한 시간의 균형이 필요하다. 따라서 부모는 아이에게서 한 발짝 떨어져 바라볼 수 있는 시간적 여유가 필요하며, 부모의 눈높이에서 아이에게 완벽함을 강요하는 것은 바람직하지 않다.

대부분의 아이들이 게임을 접하는 시기나 이유는 학교에서 친구 관계가 소원하거나, 부모님과의 갈등으로 자신의 결핍을 채우기 위한 방법인 경우가 많았다. 래원이 역시 욕심도 많고 인정받고 싶은데 뜻대로 되지 않자 게임을 시작하게 되었을 것이다. 매일 게임을 하다 보니 일반 아이들보다 조금 더 잘하게 되고, 그러다보니 단순하게 게임선수가 되고 싶다는 생각을 하게 된 것이다. 게임 전문가 선생님은 래원이가 게임을 취미로 즐겼으면 좋겠다는 의견을 주었다.

만약 우리 집 아이가 게임을 잘한다는 생각이 들어 프로선수가 되고 싶다고 한다면 게임 전문가로부터 진단을 받는 것도 좋은 방법이다. 실제로 게임에 재능이 있는 경우와 다른 아이들보다 조금 더 잘하는 경우는 차이가 많기 때문이다. 따라서 아이의 재능을 알고 싶다면 각 구청이나 교육청에서 운영하는 게임 관련 상담 기관에서 상담을 받아보는 것도 바람직하다.

◆ 불안감을 극복하는 방법

　마음이 불안한 아이와의 대화, 특히 래원이처럼 끊임없이 약속을 하고 다른 약속을 만들어 내는 아이는 놀이를 통해 즐거운 감정을 이끌어내야 한다. 그렇지 않으면 계속해서 '난 할 수 없어, 이건 아냐'하고 부정적 생각을 반복하게 된다. 놀이를 통해 작은 것이라도 성취감을 주는 것이 매우 중요하다. 따라서 스스로 성공할 수 있는 작은 놀이부터 시작을 해본다.

　먼저 마주본 채 두 손을 맞잡고, 발끝을 마주 대고 자리에 앉는다. 손을 단단히 잡고 천천히 앉았다가 동시에 일어선다. 대부분 몇 번 실패를 하지만 반복해서 시도해 본다. 손을 잡는 방법을 다시 해보거나, 다양한 방법을 생각해낼 수 있다는 것을 보여주어야 한다. 쉽게 포기하는 친구들에게는 성공할 때까지의 과정이 좋은 연습이라는 것을 깨닫게 해주어야 한다.

　놀이를 할 때 아이와 구체적인 대화를 하는 것이 좋다. "이번에는 손을 이렇게 잡아보자.", "발을 이쪽에 대봐." 아이가 먼저 일어나려고 하면 "나도 같이 일어나게 해주어야지." 하고 활동에 대한 이야기를 하면 된다. 그렇게 해서 포기하지 않고 반복하다 보면 의외로 쉽게 성공하게 된다.

이러한 과정을 겪어본 경험이 아이에게는 매우 중요하다.

이 과정은 그 동안 마음 속에 붙어 있던 '나는 무엇을 해도 안 돼!' 라는 자기 파괴적인 생각을 멈추게 하는 효과가 있다. 자기 자신에 대한 새로운 인식을 갖게 하는 것이다. '어, 그래, 되네.' 그리고 가장 중요한 것은 부모님과 함께 하는 활동이 그 무엇보다 사람에 대한 신뢰감을 갖게 해준다는 점이다. 또 고집하던 자신만의 방법에서 '다른 것도 있구나.' 하고 마음을 열게 된다. 자신도 알 수 없었던 마음의 방을 하나 더 열게 되는 것이다.

그동안 많은 아이들과 놀이를 했는데 가장 빈번히 "아하!" 하며 감탄과 함께 얼굴이 환해지는 것을 느끼게 해준 놀이이다.

이렇게 성공을 한 후, 다음과 같은 질문을 해본다. 어른들이 먼저 이야기를 해보는 것도 좋다. 정말 완벽하지 않아도 된다면 당신은 무엇을 하고 싶은가. 나는 노래를 만들고 싶다. 작곡을 하고 싶다. 글 쓰는 작가가 되고 싶다. 이런 이야기를 해보는 것이다.

완벽하지 않아도 된다면 나는 _____ 할 것이다.

이 질문에 대한 대답을 완벽함보다 재미라는 것에 초점을 맞추어 편안하게 실천해 본다. 불완전함을 통해 새로운 시도를 할 수 있는 여유와 기회를 갖게 될 것이다.

게임 오총사의
꿈을 이루기 위한 행동전략

_자신의 무한한 능력과 만나기 위해
구체적 행동전략을 세우는 아이들

 마음 톡! _나는 지금 하고 싶은 것이 많고, 그러기 위해서는 해야 할 일도 많다.

매일 점심시간마다 교장실을 방문하는 게임 오총사가 있다. 하루도 빠짐없이 출근을 한다. 노래도 부르고, 졸리면 같이 쪽잠을 자기도 한다. 그렇게 정이 드니 때로는 마음 속 깊이 있는 이야기를 나누기도 한다. 지난주에는 소파에 앉아서 커피와 초코파이를 먹기만 하던 혁규가 툭하고 말했다.

"저는 게임에 대한 부정적인 인식을 바꾸는 일을 하고 싶어요."

평소 말이 없던 혁규가 말을 하기에 바로 응대를 해 주었다.

"그래, 그럼 오늘 다 같이 자신이 무엇을 하고 싶은지에 대해서 생각해 보고, 또 그것을 이루기 위해 해야 할 일이 무엇인지 행동전략을 만들어 보는 시간을 갖자."

말이 끝나자마자 종이와 볼펜을 주고 이루고 싶은 꿈을 쓴 다음 '그러기 위해서 나는'이라는 질문에 답을 썼다.

다음은 아이들이 5분여 만에 쓴 내용들이다. 자기 이야기를 쓸 때 시간을 길게 주는 것도 좋지만 시간을 짧게 주면 의외로 진솔한 이야기들이 나온다. 보통 글을 쓰라면 잘 써야 한다는 부담감과 맞춤법, 문법들을 생각하기에 제대로 된 글이 나오지 않는다. 그래서 짧은 시간 안에 편안하게 떠오르는 생각을 쓰게 하고, 말이 안 되는 것은 나중에 수정할 수 있다고 말해 주는 것이 좋다. 글은 원래 마지막 교정 작업이 가장 중요하며, 글을 잘 쓰는 사람들도 같은 방식의 과정을 거친다고 말해 주어 편안하게 글쓰는 분위기를 조성해 준다. 짧은 시간에도 자신의 이야기를 쓸 수 있다는 건, 아이들이 평소 자기 자신의 목표에 대해 많은 생각을 하고 있다는 의미이기도 하다.

> 그러기 위해서 나는 조금 더 부지런해지고 영어를 배운다. 체력 떨어지지 않게 운동하기!

덩치가 크고 눈이 부리부리한 해진이

나는 지금 학교에서 많은 것을 열심히 배우고 혹시나 부족한 부분을 위해 대학에 들어가서 더 다양한 것들을 배워 게임 제작자가 되고 싶다. 하지만 아직 제작을 할지 기획이나 운영을 할지 정하지 못했다. 나는 모두 다 마음에 들어 대학에서 배워보고 결정할 것이다. 그러나 만약 제작을 한다면 거기서 끝낼 생각은 없다. 끝까지 운영하고 싶고, 그 게임이 서비스를 종료한다고 하면 부족한 부분을 알아가는 것이니 그것을 계기로 더 좋은 게임을 끊임없이 만들 것이다.

그러기 위해서 나는 정확히 직업 한 개를 정하지 못했으나 정할 때까지 수업을 빠짐없이 들을 것, 낯가림이 심하고 자신감이 없어 팀워크가 필요한 상황을 힘들어 하는 편인데, 공부를 하거나 게임을 하면서 팀워크와 자신감을 키울 것, 자존감을 키우기 위해 생각을 긍정적으로 바꿀 것, 게임을 제작하려면 그에 대한 지식이 필요하니 대학에 가서 다양하고 많은 지식을 쌓을 것이다.

안경을 쓰고 옷을 크게 입고 다니는 혁규

나는 지금 유명한 프로그래머가 되어 한국에서의 게임에 대한 부정적인 인식을 바꾸는 게임을 만들 것이다.

그러기 위해서 나는 한 달에 한 번 게임을 만들어 봐야겠다. 내성적인 성격을 고치기 위해 다른 사람을 자주 접해 보고 항상 모든 일에 최선을 다하려고 노력하자. 프로그램을 만들 때 자주 쓰는 영어 타이핑 연습을 꾸준히 연습하기, 2주에 한 번씩 창의적인 아이디어를 곰곰이 생각해 보고 게임 구현을 어떻게 할 수 있는지 생각해보기, 체력을 늘리기 위해 기본적인 달리기라든가 줄넘기 같은 가벼운 운동하기, 기억력이 안 좋기 때문에 꾸준히 암기 향상 테스트를 해보며 기억력을 높여야겠다.

◌키가 크고 외모가 출중한 재인이

나는 지금 내 회사를 만들어 운영하는 것이 꿈이다.

그러기 위해서 나는 C 언어의 마스터가 되겠다. 게임 회사에 1~2년 재직을 하며 숙련도를 쌓겠다. 경영 관련 서적을 많이 읽고 영어회화, 단어를 숙련시키겠다. 돈을 잘 컨트롤 하고 배낭여행을 자주 다니며 여러 경험을 쌓겠다. 살을 빼고 체력을 기르겠다. 생활습관에 기준을 세우고 지키도록 하겠다.

◌피부가 흰 보일이

나는 지금 회계 쪽이나 3D 게임 기획자로 취직해서 부모님께 용돈을 많이 드리고 고양이를 키울 만큼 돈 많이 벌어서 하고 싶은 것, 먹고 싶은 것 등을 다 하고 싶다.

그러기 위해서 나는 체력을 키운다. 현재 저질체력인데 회사에 주 5일 출퇴근하려면 체력이 필수다. 대인관계 능력 향상하기-전보다는 많이 나아졌지만 아직 모자란 것 같다, 엑셀 자격증 올해 안에 따기, 게으름 없애기, 하루에 할 일 메모해서 실행하기, 말을 생각하면서 하기, 원활한 인생을 살기 위해 심리학 관련 책 올해 안에 2권 읽기, 나의 소신 자기주장 키우기, 남이 말하는 대로 하지 말고 내가 하고 싶은 대로 나의 소신껏 행동하기, 감정 표현 잘하기, 참을성 기르기 등을 더 노력하겠다.

항상 밝고 명랑한 수용이

나는 지금 좋은 쪽으로 유명한 게임스토리텔러 1인자가 되고 싶다.

그러기 위해서 나는 좋은 이야기를 쓰기 위해 분야별 책을 읽는다. 좋은 이야기를 쓰기 위해 여행을 다닌다. 잔일 처리 능력을 기르기 위해 평소에 다양한 일을 한 번씩 해본다. 여러 회사 기획들을 잘 운영할 수 있도록 많은 컴퓨터 문서 프로그램을 익힌다. 남들의 시선과 입장에서 이해할 수 있도록 평소에 다른 사람 입장에서 사고하는 방식을 길러 본다. 성품을 더 좋게 발전시키기 위해 욱하는 성질을 줄이도록 노력하겠다.

아이들은 자신이 무엇을 해야 할지 구체적으로 말하면서 마치 성공하여 세상 구석구석을 여행하는 듯 기쁜 표정을 지었다. 그동안 게임에 관련된 꿈을 이렇게 자신 있게 이야기해 본 적이 없었다고 하였다. 수용이는 주먹을 불끈 쥐고 파이팅을 외치며 꼭 성공을 하겠다고 하였다. 보일이는 자기 자신을 잘 몰랐는데 앞으로 뭘 할지 정말 궁금하다고 소감을 말하다가 때마침 수업 종이 울려 교실로 돌아갔다.

아이들이 말한 각각의 전략들이 자기 안에 있는 무한한 능력과 만나 언제든지 꺼내 쓸 수 있다는 믿음의 첫 시금석이 될 것이다. 왜냐하면 행동하겠다는 전략은 단순하지만 부정적 고정관념으로부터 벗어나는 데에 아주 효과적이기 때문이다.

◆ 자기한계 극복하기

행동은 없고 항상 머릿속에서만 뱅뱅 도는 자기한계를 극복하고 싶다면, 조용한 곳에서 가장 좋아 하는 음반을 꺼내 처음부터 다 들어보기 바란다. 그런 다음 '완벽하지 않아도 된다면' 내가 하고 싶은 것이 무엇인지 다섯 가지를 써 본다.

> **01.** 기초영어단어 1,000개 내 것으로 만들기
> **02.** 몸무게 3kg 빼기
> **03.** 컴퓨터디자인 자격증 3급 따기
> **04.** 매일 아침 6시 30분에 일어나기
> **05.** 게임스토리 2개 만들기

그리고 그 중에 한 가지를 선택해 행동전략으로 실천해 본다. 행동할 때 유의 사항은 자신의 전략을 노출해서는 안 된다. 비밀이 노출되면 방해자가 나타날 수도 있기 때문에 비밀을 유지해야 한다. 이렇게 비밀을 유지한 채 혼자 의식적으로 무언가를 생각하고 실천하다 보면 생각하지 못한 다른 길이 보이기 시작한다. 행동전략은 자신의 한계를 넘어 자신감을 갖게 되는 밑거름이 될 것이다.

가정불화, 그리고
게임 중독 아이

_늘 불안한 유성이의 '게임 과몰입 자가 진단'

마음 톡! _바뀌어야 할 것은 게임하는 아이가 아니라 불안정한 환경이다.

금요일 오후 인근 중학교에 다니는 유성이가 왔다. 유성이는 게임 과몰입 재능개발 프로그램에 참여하는 아이이다. 토요일에 하는 이 수업은 게임을 배우고 게임 영어와 게임 글쓰기를 한다. 또 주중에는 개별적으로 만나 한 명씩 상담을 하고 있다.

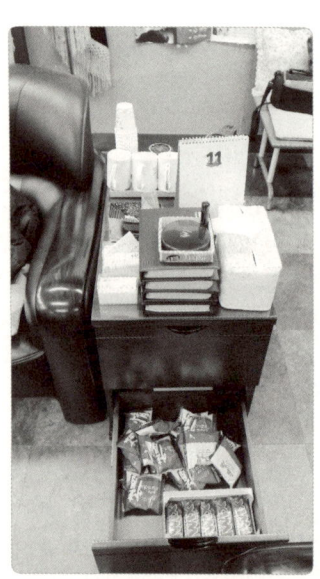

교장실 책상서랍의 초코파이

"앉아라.", "오랜만이네." 유성이는 여러 개의 소파 중 맨 끝 쪽에 앉았다. 이목구비가 뚜렷하고 흰 얼굴이 잘생겼다는 생각이 들었다. "너 왜 이렇게 잘생겼니?", "너 공부 잘하지?" 하고 웃으면서 농담으로 물었다. "그죠. 흠!흠! 네!네!" 하면서 다들 얼굴만 보고 '그런 말을 자주 한다'고 하였다. 그러면서 '공부는 못한다'고 단호하게 말했다. 헐렁한 바지에 흰색 후드 티를 입고 있는 유성이가 가방을 계속 메고 있어서 내려놓으라고 했더니 괜찮다고 한다. 초코파이를 먹고 나서 상담 테이블로 자리를 옮겼다.

어색해 하는 유성이와 팔을 내밀고 오른손 팔씨름과 왼손 팔씨름을 했다. 조금 편한 자세가 된 유성이와 이어서 동전을 숨기고 찾는 '동전 업다운' 놀이를 했다. 이 놀이는 팔씨름을 하고 난 다음 조금 더 친숙해지기 위한 활동이다. 먼저 유성이에게 동전이 있는지 물었는데 없다고 하여 미리 준비한 100원짜리 동전으로 시작을 했다. 상담할 때 아이에게 동전이 있는지 물어보는 것도 대화에 좋은 소재가 된다. 호주머니를 만지고 지갑을 만질 때 용돈 이야기를 해도 된다. 한 달에 용돈을 얼마 받는지, 용돈을 어디에 주로 쓰는지를 물어도 된다. 너무 길게 질문하지 않고 지나가는 듯한 느낌으로 간단하게 물어야 한다.

동전 찾기 게임이라고 하며 눈을 감아보라고 하자 유성이는 얼른 눈을 감았다. 유리 탁자에 동전을 소리 나게 움직이다 양 손바닥 중 한 곳에 동전을 숨겼다. 눈을 뜨고 동전을 찾아보라고 했다. 유성이는 잠시 망설이다가 손가락으로 동전을 덮고 있는 양손 중 한 곳을 가르켰다. 유성이도 다른 아이들과 같은 행동 패턴을 보인다. 대부분 쭈뼛거리거나 망설이다 손가락으로 동전이 든 손을 가르킨다. 이때 가까이 와서 동전이 든 손을 양손으로 뒤집으라고 말해 준다. 유성이가 자리에서 어쩡쩡하게 일어나 힘을 주고 있는 내 손을 뒤집으려고 애썼다. 온 힘을 쏟으며 뒤집은 손바닥 안의 동전을 보고는 "와!" 하고 함성을 지르면서 재미를 느꼈는지 표정이 밝아졌다. 항상 느끼는 것이지만 아이들이 웃을 때 참 예뻐 보인다.

놀이가 끝난 후 지금 기분이 어떤지 묻자 좋다고 했다. 대답할 때마다 "흠!흠! 네!네!"를 몇 번 하고 나서 자기 할 말을 했다. 다음 동작으로 손으로 머리를 만지고 눈썹을 만졌다. 본인이 의식하는지 모르겠지만 반복적인 행동을 계속했다. 처음 몇 번은 아이가 긴장을 해서 그렇겠구나 했다. 그런데 반복적으로 같은 패턴의 "흠!흠! 네!네!" 하는 소리를 냈다. 이상하다 생각했지만 표현하지 않고 즐겁게 아이와 놀았다. 왜냐하면 아이의 행동을 보고 선입견을 갖게 되면, 아이의 과거에 대해 궁금증이 생기게 된다. 갑자기 개인사에 대한 질문을 하게 되면 아이가 긴장하면서 머릿속으로 생각하고 대답을 하기 때문에 분위기가 어색해진다. 그렇게 되면 상담은 무의미해진다. 재미있게 놀면서 자기가 하고 싶은 이야기를 쉽게 할 수 있어야 마음 속의 응어리를 풀 수 있다.

살면서 좋았던 적에 대해서 이야기를 나누었다. 엄마 아빠랑 공원에 놀러 갔을 때가 가장 행복했고, 시험 끝나고 친구들과 영화를 보았을 때도 좋았다고 했다. 가장 좋은 것은 집에서 게임할 때라고 했다. 집에서 게임할 때 "하지 말라고 하는 사람이 없어?" 하고 물어보니 가끔 할머니가 공부하라고 한다고 했다. 중학생 때 게임을 조절하는 타이밍을 잃어버리게 되면 학교 교과 성적을 따라가지 못한다. 그러면 학교 생활이 재미 없어지며 아이들이 게임을 즐기면서 하는 것이 아니라 결핍의 한 부분으로 게임에 의존하게 된다.

게임은 초등학교 1학년 때 아빠와 피시방에서 처음 시작했다고 한다. 게임을 해서 이겼을 때와 친구들과 게임 얘기를 하니 친해져서 좋다고 했다. 반대로 나쁜 점은 욕을 하게 되고, 질투심도 생기고 성적이 나빠졌다고 했다. 게임을 해서 대회에 나가 상을 받은 적도 있고, 게임 속에서 좋은 사람을 만나기도 하고, 무엇보다 스트레스가 풀려서 좋다고 했다.

'좋다'의 반대되는 것을 물었다. 이렇게 반대의 뜻을 물으면 평소 생각지 못한 다른 면을 바라볼 수 있다. 극단은 서로 통하기 때문이다. 사람은 좋아하면서 싫어한다는 반대의 감정을 표현하기도 한다. 노처녀가 시집가기 싫다고 하는 것과 비슷한 상반된 감정이 마음 한 구석에 있는 것이다. 그래서 속에 있는 진실을 드러내는 것을 아파하고, 대부분 반대의 것은 숨기고 싶어 한다. 대부분 불안과 두려움으로 자리 잡고 있기 때문이다.

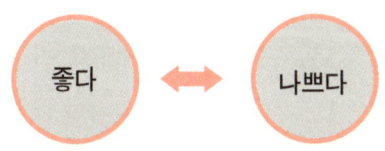

유성이는 '좋다'의 반대를 '나쁘다'고 하며 세 가지가 '나쁘다'고 했다. 부부싸움, 공부, 게임 때문에 생긴 질투심을 이야기했다. 또 엄마와 할머니 사이가 안 좋아서 지금은 아빠, 할머니, 형하고 네 명이 산다고 했다. 엄마는 주 1회 정도 만나고 용돈은 엄마에게 받는다고 했다. 유성이는 다른 누구에게도 해본 적이 없는 속에 있는 말들을 하기 시작했다. 놀이의 효과로 믿음이 생긴 것이다. 이런 순간 아이에게 내가 특별하게 해줄 것이 없다는 사실 때문에 아쉽다. 다만 이야기를 들어주고 지나간 일에 대해 이해하는 시간을 갖도록 도움을 주는 것이 전부다. 한 발짝 더 나아가 무엇을 해야 할지 생각하게 하고, 그 중 하나를 행동으로 옮길 수 있게 마음을 이끌어 줄 뿐이다. 짧은 순간 여러 생각이 올라오는 것을 애써 태연한 체하며 다음 이야기로 넘어갔다.

유성이의 꿈은 프로 게이머나 게임 제작자이다. 꿈을 이루는 데 장애 요소로 게임에 재능이 없는 것 같다고 했다. 또 말을 잘 못해서 그것을 해결하기 위해 책을 많이 보겠다고 했다. 영어 단어를 공부해서 기말 시험에 평균 20점을 올리겠다고도 했다.

"엄마, 아빠가 가장 많이 싸웠을 때가 몇 살 때였어?"

보통의 경우 이런 직접적인 질문은 잘 하지 않는다. 유성이가 자신의 감정을 자연스럽게 드러내서 그 감정으로부터 자유로워졌으면 하는 생각으로 영화관 기법을 활용하였다. 과거를 영화 장면처럼 떠올리며 그 상황을 있는 그대로 보고 다 지난 일임을 알아차리는 기법이다. 그 장면에 대해 위로도 하고 새로운 영화 장면으로 바꿔 만드는 작업을 한 것이다.

유성이 부모님이 가장 많이 싸웠을 때는 초등학교 3학년 때라고 했다. 그 당시의 유성이의 상태를 눈을 감고 생각해 보라고 하니 무섭고 심란하다고 했다. 어린 시절 부모님의 불화로 힘들어 하는 유성이와 감정 조절 훈련을 해 보았다. 먼저 '나는 비록'이라는 문장을 사용하여 다음과 같이 문장을 만들었다. '나는 비록 어린 시절 부모님이 자주 싸워 무섭고 심란했지만, 그럼에도 불구하고 그런 나를 온전히 마음 속 깊이 사랑합니다.'라고 쓰고 눈을 감고 다섯 번을 작은 소리로 반복해서 읽어 보라고 하였다. 차분한 목소리로 잘 따라했다.

문장을 다 읽고 나서 지금의 유성이가 초등학교 3학년 때의 유성이에게 하고 싶은 말을 물어 보았다. 유성이는 잠시 고개를 숙이고 입 끝을 양손으로 만지며 말했다.

"용기 내서 참아보자. 힘내!"

이렇게 하고 난 느낌이 어떠냐고 묻자 '기분이 좋고 문제없다'고 하였다.

여러 장의 감정 카드 뭉치에서 눈을 감고 오늘 상담이 어떤 의미였는지 한 장을 뽑았다. '기쁨'이 나왔다.

카드에 적혀 있는 내용 중에 마음에 드는 문구를 고르도록 하였다. '불안한 것은 잊고 기쁘고 좋은 생각을 해야겠다.'는 것을 알았다고 하며, '행복을 찾고, 당신의 내면의 평화를 찾으세요.'를 골랐다.

이 감정카드는 집중 상담한 것을 정리하는 의미에서 뽑는다. 참 신기한 점은 대부분 그날 상담한 내용과 맞는 카드가 나온다. 아마 생각이 정리되면서 단어에 의미를 부여할 수 있는 통찰력이 생기는 것 같다. 마음이 긍정적으로 변화되었기 때문일 것이다.

유성이는 상담을 마치면서 자기 자신에 대해 궁금한 것이 많이 풀리고 기분이 좋다고 말했다. 앞으로 불안할 때는 심호흡을 하고 마음의

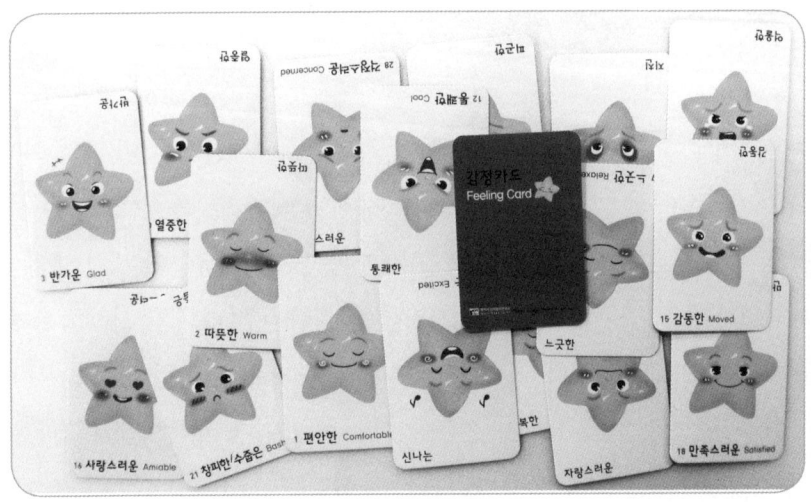

평화와 행복한 문구를 자주 떠올리겠다고 했다. 학교나 집에서 실천하는 방법도 가르쳐 주었다. 가만히 서 있을 때는 10까지 호흡을 세고, 다시 10까지 세다가 중간에 다른 생각이 떠오르면 처음부터 호흡 세기를 반복하면 된다고 했다. 또 이동을 할 때는 의식적으로 땅에 닿는 발을 10까지 세면서 걷는 것도 호흡을 세는 것과 같은 효과가 있다고 말해 주었다.

유성이는 사전 청소년인터넷중독 자가 진단에서 잠재적 위험 사용군으로 조사되었다. 사전 조사 18명 중 한 명은 고위험으로 나왔고, 4명이 잠재적 사용자군으로 나왔다. 나머지 13명은 일반 사용자 군이다.

게임 과몰입 잠재적 위험군 자가 진단

01. 인터넷을 하지 못하면 재미없고 생활이 지루하다.
02. 인터넷을 하다가 그만 두면 또 하고 싶다.
03. 실제보다 인터넷에서 만난 사람이 더 이해가 잘 된다.
04. 인터넷 사용을 줄여야 한다는 생각이 끊임없이 든다.

삼재적 위험 사용군의 특성은 일상생활에서 장애를 보이며 게임 외에는 다른 것이 재미가 없다는 것이다. 자신이 해야 할 숙제를 미루거나, PC방에서 게임하다가 다른 약속을 어기는 등 일상 생활이 게임 때문에 어려워지기도 한다. 또 사람을 기피하는 경향이 나타나기 시작하는데, 이때부터 오프라인보다 온라인이 더 자신을 이해하다는 생각을 갖게 된다. 게임 시간이 늘어나며 집착을 하는 단계이다. 학업에도 어려움이 있으며 심리적 불안 증세가 나타나기도 한다.

다음은 유성이가 게임 과몰입 재능개발 프로그램의 매 회기별로 쓴 소감문 일부이다.

> 1회● 프로그램을 통해서 재미있었고 용어를 많이 배웠다.
> 2회● 게임 플레이를 하면서 느낀 것은 내가 게임을 잘 못해서 아쉬웠다.
> 3회● 게임이 잘될 때는 기분이 좋고, 안될 때는 기분이 나쁘다. 게임이 잘될 때는 더하고 싶고, 안될 때는 하고 싶지 않아진다.

유성이는 다른 아이들보다 문장이 짧고 잘 못 알아볼 정도로 휘갈겨 썼다. 글에 자신감이 떨어지고 위축되어 있었다.

상담이 끝날 즈음 유성이는 떨어져 사는 엄마와 할머니 사이가 더 안 좋아지고 있어 걱정이라며 자신의 고민을 살짝 이야기했다. 아직 어린 유성이가 자신의 가정 사정을 받아들이는 것이 힘들어 보였다. 유성이가 게임 과몰입의 위험군이 된 이유는 부모님의 이혼과 이혼 후에도 정리되지 않는 가정 사정 때문이다. 이 불안이 지속되면서 '흠!흠!' 거리거나 머리를 만지고 하는 틱장애 같은 것으로 표현되었다. 유성이의 가정 문제를 해결하는 데 유성이가 할 수 있는 것은 없다. 자신의 의지와 상관없는 상황이라 그냥 받아들여야 한다. 이런 환경에서 생존할 수 있는 길은 예측 가능한 작은 시작을 만들어 주는 것이다. 다른 생각은 하지 말고 오늘 할 수 있는 것을 정하는 것이다. 작지만 이러한 행동은 자신에게 큰 힘이 되고 불안 해소에 도움이 된다. 불안이 해소되면 자연스럽게 틱장애가 사라지기도 한다. 이러한 행동이 유성이의 변화에 기본 영양소가 될 수 있다. 유성이와 국어, 영어 공부를 열심히 해서 컴퓨터 관련 특성화고에 진학을 목표로 하자는 계획을 세웠다.

　우리 아이가 게임에 빠져 걱정이 된다면 먼저 '하지 마'라는 말을 멈춰야 한다. 하지 말라는 말을 자주 할수록 아이는 점점 게임에 빠져들게 된다. 아이의 눈높이에서 아이와의 관계를 회복하는 것이 먼저다. 초등학교, 중학교 아이들의 경우는 간단한 놀이부터 시작해 본다. 팔씨름은 아주 쉽고 효과가 많은 관계 회복 도구이다. 고등학생은 청소년 인터넷중독 자가진단을 해 보는 것을 권한다. 한국정보화진흥원 사이트에 접속을 하면 검사를 할 수 있다. 그것을 근거로 서로 이야기를 시작해 보는 것도 좋은 방법이다.

　〈아이와 싸우지 않는 디지털 습관 적기 교육〉의 저자인 미국의 아동 심리학자인 얄다 T. 올스는 디지털 사용 문제로 고민하는 부모들에게 아이와 잘 지내기 위해서 지켜야 할 5계명을 다음과 같이 말했다.

01. 부모 자신의 미디어 행동을 면밀히 점검한다.
02. 디지털 기기를 사용하지 않는 시간을 정한다.
03. 아이의 긍정적인 면을 본다.
04. 아이가 사는 세상에 들어가자.
05. 현실에서 교육의 기회를 포착하자.

　요즘 아이들이 다루는 게임이나 디지털 기기를 보면 어른 세대들은 눈뜬장님과 같다. 이렇게 빠르게 변화하는 기술에 말은 안 해도 압도

당하는 심정일 것이다. 이런 상황을 '디지털 원주민과 이주민'이라는 단어로 교육학자 마크 프렌스키가 2001년에 그의 논문에서 사용하였다. 이 말은 아이들의 공부 방법이나 일상의 정보를 처리하는 유형이 기존 세대와 다르다는 것을 의미한다. '하지마'라고 윽박지르는 것은 원주민도 이주민도 아닌 디지털 원시인이다. 원시인에서 원주민으로 함께 살기 위해서는 아이의 행동을 긍정적으로 보고, 아이의 세상에서 함께 머물며 교육의 지평을 넓히는 기회를 갖고자 노력해야 할 것이다.

지금의 내 현실이 내 힘으로 어쩔 수 없는 상황이라면 그리고 그것으로부터 벗어나고 싶다면, 혼자 있는 방에서 내가 무엇이 되고 싶은지 크게 말한 다음 '나는 ＿되고 싶다'고 적는다. 그리고 그 꿈을 위해 내가 해야 할 행동에 대해서도 써본다. 이러한 단순한 행동이 미래의 내 모습에 초기 도면이 될 수 있는 가능성이 매우 높다.

담배는 스포츠가 될 수 없지만
게임은 스포츠다

_믿어주는 사람을 통해 게임을 줄이고
담배를 끊은 영근이

마음 톡!  _니코틴 중독과 게임이 똑같은 무게의 중독일까?

영근이는 점심시간에 무단으로 외출해 담배를 피다가 적발되었다고 했다. 여러 번 적발을 당해 이번에는 선도위원회를 열어 사회봉사 명령으로 아침, 저녁으로 교내 청소를 하고 있다고 하였다. 담임 선생님은 영근이가 착한 아이들까지 물들이고 있어 학급 분위기를 해친다며 상담을 의뢰했다. 또 담배를 끊을 수 있는 방법에 대해 어떻게 해야 할지 모르겠다고 하소연을 했다.

나는 중독 물질에 대해 논의할 수 있는 충분한 지식을 가지고 있지는 않다. 니코틴도 단어로만 알 뿐이지 그 실체를 본 적도 없다. 다만 내가 담배를 오랫동안 피워본 경험상 자신의 의지만으로는 담배를 끊기가 힘들다. 학교에서 아이들을 보면 똑같은 행동을 자주 목격하게 된다. 일반 고등학교에서 담배를 네다섯 번 피다가 적발되면 퇴학 조치를 한다. 아이가 담배를 피우다 적발될 때마다 부모님이 오셔서 다시는 피지 못하게 하겠다는 서약을 하고 간다. 그럼에도 불구하고 중독 성향 때문인지 다시 피게 된다.

중독과 스포츠를 어떻게 확실하게 구분하고 이해할 수 있을까? 평소에 운동을 별로 좋아하지 않지만, 일 때문에 가끔 목동에 있는 야구장에 간다. 야구를 보다보면 사람들이 왜 스포츠에 열광하는지 이해할 수 있다. 선수가 홈런을 치거나 안타를 치면 관객들에게서 탄성과 함성이 터져 나온다. 자리에서 벌떡 일어나 하나가 되는 순간 모든 스트레스가 사라지고 흥분이 가시지 않는다. 최근 개최된 축제 때 우리학교 게임 제작과에서 실시한 교내 롤 게임 대회에서 똑같은 함성 소리가 나왔다. 야구장에 가서 느꼈던 쾌감을 게임 대회장에서 똑같이 보고 느낀 것이다. 요즘 아이들에게 게임은 새로운 스포츠다. 게임하는 공간이 아이들에게는 함성을 일으키는 야구장과 같은 곳이라고 보면 된다. 내가 중독과 스포츠를 구분하는 방식은 의학지식과는 분명 다르다. 그간 아이들과 상담을 통해 경험의 산물로 정의한 것이다.

교장실을 찾은 고등학교 1학년인 영근이는 검은색과 흰색이 섞인 브랜드 운동화를 신고 오른손 두 번째 손가락에 은색 반지를 끼고 있었다. 조그만 얼굴에 피부가 깨끗한 영근이에게 "운동화 비싸 보이는데?"라고 먼저 말을 건넸다. '고가'라고 했다. "내 운동화를 보여 주며 선생님 것도 좋은 거야." 하면서 웃자 영근이도 얼굴에 웃음을 띄웠다.

자리를 상담 테이블로 옮겼다. 팔씨름을 하자고 하면서 팔을 내밀었다. 손을 잡고 팔씨름을 하는데 서로 팽팽하게 겨루다가 결국은 내가 졌다. 운동했냐고 묻자 농구를 좋아한다고 하였다. 긴장을 풀어주기 위해 이어서 몇 가지 놀이를 하고 난 후 같이 공통점을 찾아보자고 제안을 했다.

나는 학교에서 오랫동안 상담을 했다. 상담 초기, 아이들과 깊이 있는 상담을 하기 위해 진지하게 접근을 하면 할수록 이상하게도 마음이 불편했다. 아이들도 진심으로 마음을 열지 않았다. 그래서 어느 시점부터 아이에게 초점을 맞춰 가볍고 재미있는 소재로 이야기하기 시작했다. 지금 이 순간 아이가 말할 수 있는 것을 이야기하고, 이야기하기 전에 가벼운 놀이로 몸을 움직이게 하니 아이들이 마음 속을 보여주기 시작했다. 특히 놀이를 하고 나면 서로에게 친밀감이 생긴다. 또 놀이 후에 공통점 같은 것을 이야기하다 보면 시공간을 뛰어 넘어 급속도로 가까워진다. 나이와 상관없이 서로 인생을 이야기할 수 있게 된다.

영근이는 초반에 흡연에 대해 상담하는 것으로 알고 긴장한 모습이었는데, 놀고 이야기하다 보니 마음이 편해졌는지 자연스럽게 말을 주고 받았다. 더 가볍게 마음을 열 수 있는 놀이로 '공통점 찾기'를 하기로 했다. 영근이가 씩 웃더니 바로 공통점을 찾아냈다.

첫째,

"선생님과 저는 잘생겼어요."

"그래, 나도 그렇게 생각한다."

영근이의 너스레에 맞장구를 치며 서로 웃었다.

두 번째, 여행이 공통점이었다.

친구들과 통영 할머니 댁에 갔을 때 너무 좋았고, 통영에 있는 산과 바다를 돌아다녔을 때 즐거웠다고 하였다.

세 번째, '김치찌개'를 좋아하는 공통점을 찾았다.

영근이가 음식에 대한 추억을 이야기했다. 친구들과 놀면서 하루 종일 굶고 다니다가 집에 들어갔을 때 엄마가 '찌개랑, 계란말이'를 해줬는데 그 밥이 제일 맛있었다고 했다. 엄마가 "잘 다녀왔어? 많이 먹어."라고 말했을 때는 마음이 울컥했다고 한다. '아! 엄마가 날 걱정 많이 했구나.' 하는 생각이 들어 앞으로 위험한 행동은 하지 말아야겠다는 다짐을 했다고 한다.

영근이의 마음이 열린 듯하여 조심스럽게 질문을 했다.

"담배가 너에게 어떤 의미인 거야?"

"인생의 반전이요."

"오! 그래?" 어떤 반전인지 궁금하다고 하면서 담배 스토리에 대해서 이야기를 들었다.

😊 스토리

처음에 담배를 피게 된 게 중1이었다. 그땐 뭐 호기심? 같은 걸로 몇 번 했다. 중2 때 학교에서 흡연하다 걸려서 부모님 속을 많이 태웠다. 그래서 다짐한 게 금연이었는데 내 의지가 약했는지 나는 또 담배를 피우게 된 것이다. 중3 때가 내가 계속 담배를 핀 때인 것 같다. 좀 바보같다. 단지 '멋'이었던 것 같다. 나쁜 친구들이랑 어울리다 보니 담배, 술, 게임, 이런 것까지 접했다.

영근이는 작은 목소리로 말했다. 그래, 아주 솔직하게 말해 주어 마음에 와 닿는다고 말했다. "영근아, 담배와 게임을 처음 접할 때, 집에는 어떤 일이 있었니?" 하고 물었다. 그 당시 초등학생이었는데 아빠가 술을 많이 마시고 들어오는 날이 잦아지면서 아빠가 좋아 보이지 않았다고 했다. 그런데 어느 날부터 아빠가 집에 있는 물건을 부수기 시작했고, 그때부터 아빠에 대한 미움이 자리잡기 시작했다. 중학교 때도 이런 비슷한 일이 반복해서 일어났고, 매일 술을 먹고 들어오면 영근이와 엄마한테 주정을 부려 어느 날 너무 화가 나서 대들었더니 아빠가 자신을 때렸다고 한다. 아프기도 하고 짜증이 많이 났지만 지금은 무덤덤해져서인지 아빠가 술을 먹고 들어와도 괜찮다고 했다. 또한 살다보니 아빠가 이해된다고도 했다. 그 뒤엔 뭔가 더 이상 말 못할 사정이 있는 듯 말끝을 흐렸다.

우리 인생 대부분의 문제는 사랑에서 비롯된다. 특히 아이에게 엄마와의 관계가 매주 중요하며 정서적인 면에 큰 영향을 미친다. 엄마, 아빠가 일상적으로 아이를 대하는 태도가 불규칙할 경우 아이 마음에 박탈감과 불안감이 자리잡게 된다. 이런 불안감은 자라면서 분노의 표현으로 표출되고, 부모로부터 받지 못한 결핍된 사랑은 평생 아이의 삶에 영향을 미치게 된다. 이럴 때 나는 과거를 인정하고 떠나보내는 훈련인 감정 조절 훈련을 한다. 과거를 있는 그대로 인정하고 그것을 받아들이게 되면 아팠던 과거가 새로운 출발의 자양분이 될 수 있다. 특히 청소년 시기에는 혼자 아파했던 원인을 말로 표출하여 드러내는 이 작은 행동만으로도 아이들에게 큰 위안과 변화가 찾아오는 것을 경험했다.

인생의 모든 문제가 사랑에서 비롯된다고 할 때, 그 중 가장 핵심이 되는 사랑은 아기 때 엄마와 나누는 최초의 사랑이다. 아이에게 최초로 경험하는 안락함, 즐거움, 쾌락은 행복함의 근원이 된다. 엄마와의 안

락한 공생 체험은 사랑의 원형으로 자리 잡아 성인이 된 후 사랑의 방식에도 영향을 미친다.

무엇보다도 엄마와 나누는 애착 경험은 아기의 정신을 형성하는 자양분이 된다. 우리는 흔히 인간 정신을 연금술에 비유하는데, 생의 최초의 연금술사는 엄마라는 존재다. 아기는 99% 엄마가 만든다고 한다. 엄마가 아이와 친밀한 애착 관계를 맺고 정서적으로 충분히 반응해 주면 아기는 정신의 자율성, 창의성, 자신감을 발현시키지만 그렇지 못하면 아기의 정신 형성에 치명적인 구멍이 생긴다.

냉담하거나 엄격한 엄마, 무질서하거나 억압당한 엄마, 늘 병석에 누워 있는 엄마, 꿈을 좌절당하거나 우울한 엄마는 아기의 마음과 공감하고 아이의 정서에 적극적으로 반응해 줄 수 없다. 그런 엄마를 둔 아이는 정신의 성장에 결함을 갖게 되어 거짓된 자아, 위축된 자아로 확장된 가치를 가지게 된다. 엄마의 손을 떠나 할머니나 이모, 고모의 손에서 자란 사람들도 마찬가지 성향을 보인다.

생애 초기에 엄마와 제대로 된 애착 관계를 맺지 못한 사람이 갖는 문제 중 하나는 타인과 친밀한 관계를 맺는 데 어려움을 느낀다는 점이다. 애착 관계를 맺는 방법을 배우지 못하기도 했지만 그 시기의 결핍이 정신의 일부로 형성되어 있어 무엇으로도 메워지지 않기 때문이다.

영근이와 아빠의 관계를 정리해 보는 감정 조절 훈련을 했다. 먼저 '나는 비록'이라는 문장을 사용했다.

"나는 비록 아빠가 폭력적이어서 짜증나지만, 그럼에도 불구하고 그런 나를 온전히 마음 속 깊이 사랑합니다."

문장을 만들고 난 후 눈을 감고 조용한 목소리로 세 번 반복해서 읽어보라고 했다. 그리고 느낌을 물었더니 '홀가분하다'고 하였다.

이어서 그 당시 짜증났던 초등학생 영근이와 편지로 대화하는 시간을 가져 보았다. 과거의 자신과 대화하는 작업은 아파하는 자기 자신을 부드럽고 너그럽게 대하는 시작점이다. 아이들은 이런 시간을 처음에는 어색해하지만 눈을 감고 몇 번 반복면서 밝아지는 자기 자신을 느끼면 '아! 이것이 다 지나간 일이고, 그 때문에 내가 힘들어 하는구나.'라는 사실을 알게 된다. 이 시간을 통해 변화된 새로운 자신을 만나는데 얼마만큼 스스로가 거부하고 부정적이었는지를 깨닫고 그것이 내 삶에 미치는 영향에 대해서도 인식하게 된다. 더이상 그래서는 안 되겠다는 것을 깨닫게 해주면 마음 속에서부터 무언가 변화의 움직임을 체험하게 된다. 이런 체험은 과거와의 간단한 편지로도 시도가 가능하다.

'지금은 비록 무섭고 짜증이 나겠지만 점점 시간이 지나면 너도 이해하게 될 거야. 지금은 내가 나쁜 길로 가려는 생각을 안 했으면 좋겠다.'라고 글을 써내려 갔다.

영근이의 꿈은 요리사다. 꿈을 이루는 데 장애물은 자신의 고집스러운 태도라고 한다. 고집을 고치는 방법으로 내가 하고 싶은 것을 의논하여 허락을 얻은 후 일을 하겠다고 하였다. 구체적으로 해야 할 일은 오늘부터 저녁에 요리 관련 책을 2시간씩 읽겠다는 약속도 하였다.

그렇게 하면 몇 살에 네가 성공할 것 같은지 질문을 하자 25살에 성공을 하겠다고 당차게 이야기했다.

이어서 25살의 영근이가 지금의 영근이에게 전하는 말을 들어 보았다.

넌 할 수 있어, 지금 두려워하지 마, 누군가 반대해도 너는 포기하지 말고, 좌절하지 말고. 너의 꿈에 도전해서 계속 나아가.

영근이의 다짐은 앞으로 내면의 자신에게 의지하고 다른 외부의 어떤 상황에서도 이겨낼 수 있는 메시지가 될 수 있다.

마지막으로 버츄카드 고르기를 하였다. 버츄카드는 54장의 기쁨, 사랑 등 긍정적인 말과 설명이 들어 있다. 상담을 마치고 오늘 상담을 정리한다는 의미에서 눈을 감고 버츄카드에서 한 장을 뽑았다. 아이에게 '하늘에서 너에게 주는 긍정의 소리'라고 설명을 하고, 카드를 뽑고 나온 단어를 설명하며 오늘 천사가 어떤 의미를 주는지 정리하는 시간을 가졌다.

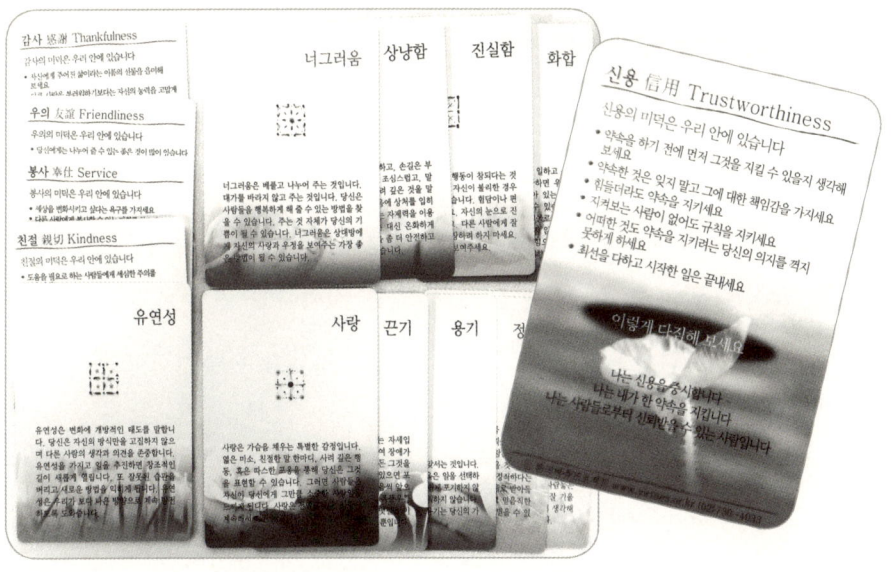

영근이가 버츄카드에서 뽑은 카드는 '신용'이었다. 신기해하며 맞는 말 같다고 했다. '신용'이라는 단어에 대한 설명을 읽다 보면 머릿속에서 뱅뱅 돌던 막연함이 정리가 된다. 자신이 하고 싶었던 말과 연관된 글이 나오게 되면 신기한 생각이 들면서 더 감동을 받고, 그대로 실천할 수 있는 마음을 갖게 되는 것이다. '힘들 때 이 말을 적어 놓고 보게 되면 힘이 될 것이다'라고 말하는 언어적 힘을 전달해 주는 데 아주 효과적이다.

상담을 마치면서 자신이 힘들 때 속 시원하게 말할 수 있을 것 같아 또 오고 싶다고 해서 그러라고 하였다.

1주일 후 영근이와 카톡으로 대화를 했다.

> 담배 폈었니?
>
> 아뇨
>
> 어떻게 참았어? 비결이 뭐야?
>
> ㅎ 믿어주는 사람이 있어서요.^^

의외의 대답을 하였다. 나는 이런 말을 들으면 하던 일을 멈추고 학교 담장을 몇 바퀴 돈다. 주는 것이 받는 것이라는 말이 있다. 상담 이후 아이들이 지나가듯 들려주는 한 마디 한 마디가 나에게는 몇 십 몇 백 배의 감동이 되어 하루를 행복하게 만들어 준다.

영근이는 담배와 게임을 접하게 된 시점에 일어났던 일들에 대해 오랜 시간이 지났음에도 생생하게 기억하고 있었다. 심리학자들은 이렇게 어린 시절 심리적 결핍 대용으로 이루어진 중독은 끊기가 거의 불가능하다고 말한다. 다시 생각하고 싶지 않은 장면과 직면해야 하기 때문이다. 그래서 니코틴 혈중 농도가 떨어지면 금단 증상이 발생하듯 아픈 증상을 피하기 위해 중독성 물질인 담배를 반복하게 된다. 이렇게 끊기가 힘들다는 니코틴 중독으로부터 아이들을 꺼내주는 유일한 길은 믿음과 사랑이다. 아이들에게 믿음은 특별한 것이 아니다. 그저 판단하지 않고 들어주는 것이다. 또 저학년인 경우, 스킨십을 동반한 놀이는 자라면서 접하는 주변의 유해물을 막아주는 강한 예방책이 된다. 편안하게 놀아주고 믿어주는 평화로움은 아이들도 끊고 싶어 하는 중독성 물질을 찾아내 벗어나게 하는 강력한 힘을 발휘하게 된다.

◆ 중독에서 벗어나는 목록

☺

---

01. 사진함
02. 아빠가 준 배지
03. 어릴 때 그린 만화 수첩
04. 좋아하는 CD
05. 우정반지

힘들었던 시기에 집에서 간직하고 있던 중요한 물건 다섯 가지를 목록으로 만들어보자. 힘든 시기에 갖는 감정을 떠올리고 받아들이는 일은 자신의 보다 깊이 있는 내면을 보게 한다. 그 목록 중 3번째 내용을 가지고 왜 이것이 중요한지, 어떤 감정이 올라오는지 등에 대해 생각하면서 산책을 해본다. 보통 많은 사람들이 첫 번째 것에만 모든 의미를 두고 가치 있다고 생각한다. 3번째, 4번째 물건에도 자신의 삶이 있을 것이다. 스스로가 진심으로 원하는 무언가를 발견할 수 있는 좋은 기회를 갖게 될 것이다.

게임하고, 열망하고, 게임 제작자를 꿈꿔라

_목표 설정에 집중하며 뜨겁게 열망하는 아이들

 마음 톡! _다시 돌아간다 해도 게임을 선택하겠다는 프로 게이머의 공부 콤플렉스는 누가 만들었나?

　우리학교에는 게임제작과가 있다. 전교생 상담을 시작하면서 게임제작과 아이들과 롤 프로팀 아이들을 상담하기로 했다. 프로 게이머인 롤팀 말고 다른 아이들도 대부분 게임을 하다가 게임 제작 쪽에 관심을 갖게 된 경우가 많았다. 보통 게임을 많이 한다고 하면 아이가 손과 머리에 뿔이 달린 이상한 아이일 것이라는 선입견을 가지고 있다. 그러나 막상 만나보면 오히려 너무나 순진하고 착해서 게임에 빠진 것이라는 생각이 들 정도다. 친구가 게임을 하자고 하면 아무 생각 없이 거절하지 못하고 따라하다 게임에 빠지게 된 것이다.

　8년 전 학교에 PC방을 만들고 아이들을 선발하여 교실에서 수업을 할 때이다. 교직 생활을 하면서 이렇게 수업 태도가 좋은 아이들은 처음 봤다. 옆 사람과 장난치는 아이도 없고 집중력이 뛰어나며, 눈망울

교장실과 아이들 메모

을 반짝반짝 빛내며 몰입을 한다. 심지어 화장실을 가는 것도 참고, 가더라도 빨리 갔다 온다. 한두 달 지나고 나니 아이들 중에 가끔 공격성을 보였던 분노의 표현이 사라지기 시작했다. 마음이 안정되면서 자신의 미래를 구체적으로 걱정하며 게임에 전념하고 싶은 부류와 게임 제작을 하고 싶은 부류로 진로가 나뉜다.

상담을 하다보니 아이들과 많은 이야기를 나누게 되고 친밀감도 높아진다. 일반적으로 게임하는 아이들이 내성적인 경우가 많은 것 같지만, 만나서 상담을 해보면 밝은 심성을 가진 아이들도 많았다. 이들의 공통적인 요소는 인성이 좋고 심성도 착하다는 것이다. 또한 다른 어떤 아이들보다 예의가 바르고, 표정도 밝다. 카톡으로 대화할 때는 공손하고 상대방을 배려하며 질문을 하면 빠르게 답변을 한다. 그래서인지 아이들과 이야기하다 보면 자꾸 무언가를 주고 싶은 마음이 저절로 든다. 점심시간 보드놀이 때문에 만나는 진수와 정규도 약속 시간을 정확하게 지킨다.

더욱 중요한 것은 게임과 관련된 것이면 무엇이든지 하고 싶어 한다는 사실이다. 나름대로 컴퓨터 쪽의 자격증과 학원 등을 다니고 스스로 자기가 하는 일에 대한 자부심도 강했다. 공부가 부족하다는 것은 인정하지만 과거로 다시 돌아간다 해도 자신은 게임을 선택할 것이라며 게임을 사랑하는 진정한 게이머 근성도 가지고 있었다. 물론 자신의 선택을 후회하지 않는 것은 아니지만 다른 무언가를 한다는 것이 두렵다는 것을 인정하기도 한다. 게임에 관한 일을 하더라도 모든 과정에서 기초 공부가 필수이고, 공부라는 인생의 시험을 건너지 않으면 선택 범위가 좁아 답답한 점이 많다는 사실도 인식하고 있다. 마음 속에는 늘 공부에 대한 부담이 콤플렉스로 자리 잡고 있는 것도 사실이다. 콤플렉스를 극복하는 방법은 재미있고 쉬운 일부터 단계적으로 접근해서 서서히 이길 수 있는 힘을 길러주는 것이다. 그것도 게임과 관련된 것들과 연관지으면 다가가기가 훨씬 수월해진다.

초입 단계에는 아이들이 좋아하는 일을 중심으로 접근하면 거부감을 해소하는 데 도움이 된다. 그 다음은 콤플렉스를 인정하는 단계이다. 콤플렉스를 인정한다는 것은 자신의 결함을 인지하고 긍정적으로 발전시키기 위해 노력한다는 의미이다. 이 단계에서는 집중력이 생기고 콤플렉스를 극복하기 위해 초인적인 힘을 발휘하게 된다.

아이들은 게임하는 것도 좋아하지만 게임을 만드는 일을 더 많이 하고 싶어 한다. 우연히 대부분의 게임이 보드 게임에서 아이디어를 얻어 만들어진다는 정보를 얻었다. 그래서 먼저 아이들 몇 명과 보드 게임을 만들어 보기로 했다. 보드 게임을 만들기 위해서는 보드를 많이 접해야 해서 매일 점심시간에 아이들과 함께 다양한 보드 게임을 하기 시작했다. 보드 게임을 하다보니 게임에 대한 이해도가 높아졌다. 우리가 직접 보드를 만든다고 생각하니 보드에 대한 관심이 집중되어 반복해서 같은 작업을 해도 지루한 줄을 몰랐다. 또 게임을 마친 후 그에 대한 장단점을 쓰고 다른 방식으로 한다면 어떻게 하면 좋을지에 대해서 의견을 나누었다.

아이들은 생각보다 빠르게 보드 게임의 구조나 알고리즘을 이해했고 무엇보다 즐기는 모습이 좋아보였다. 이러다보니 몇 번이고 반복해도 지치지 않고 웃음이 터져 나왔다. 또한 재미와 목표가 하나가 되니 자연스럽게 다음 시간이 기다려졌다. 근래에는 독일에서 만들었다는 최신 보드 게임을 시작했는데 게임이 독일어로 되어 있어서 부르기 쉽게 '돼지 게임'이라고 이름을 붙었다. 게임 진행을 잘하는 정수가 먼저 게임을 설명해 주고 아이들이 알아서 역할 분담을 했다. 외국어 설명서는 외국어를 잘하는 조현이가 맡고, 게임 방법은 눈썰미가 있는 운찬이가 맡았다. 또 전체적인 연락은 조현이가 하기로 했으며 단체 카톡방도 만들어 연락을 주고 받았다. 새로운 게임이 있으면 대부분 정수가 설명을 읽고 먼저 게임을 해보고 온다. 게임 방법은 주사위를 굴려 자신이 선택한 동물을 최종 목적지까지 이동하여 도착시키는 것이다. 각자 나무로 만들어진 동물조각과 색깔 있는 작은 동전을 받았다.

처음 한 판은 조금 헤매더니 어느새 규칙을 익혀 두 번째 판부터 아이들이 돼지 게임에 빠져들기 시작했다. 게임 도중에 주사위가 던져지고 동물이 다른 사람의 동물 위에 겹쳐질 때 함성이 터져 나왔다. 아이들은 아주 짧은 시간에 몰입했고 시간 가는 줄 모르고 즐거워했다.

〈열망은 어디에서 오는가?〉라는 책이 있다. 에릭 부스는 일상을 창조적 예술로 만드는 창의적인 사람이다. 책 내용 중 열망은 감탄으로부터 오고 감탄하는 능력에 비례한다는 구절이 아주 인상적이었다. 우리는 어른이 되면서 감탄하는 능력을 잃어버리게 되는데, 반복되는 일상 속에 감정선이 무뎌지고 주변의 시선도 의식하기 때문이다. 감정을 직접적으로 드러내는 모습을 좋지 않게 보는 잘못된 교육도 한몫 했다. 간단한 놀이 같지만 게임을 하기 전 아이들의 표정은 무력하거나 긴장되어 보였는데, 게임을 하는 과정을 통해 생기 넘치는 밝은 모습으로 변화되었다. 에릭 부스는 이 감탄하는 모습을 끈질긴 생명력이라고 표현했다.

나는 놀이를 통해서 자주 이런 경험을 하는데 내 스스로도 놀이에 빠지면 감탄사가 절로 나온다. 지금 이 책을 쓰게 된 동기도 아이들과 함께 하며 겪었던 감탄이 열정으로 변화된 결과이다. 돼지 게임을 반복해서 몇 판 마친 다음 돼지 게임에 대해 게임의 장점과 단점에 대해 토론을 하였다. 우리가 보드 게임을 만드는 사람의 입장에서 평가를 한 다음 그것을 분석해 보는 것은 아주 중요하고 의미 있는 일이기 때문이다.

🌸 먼저 조현이가 게임 도구를 만지면서 입을 열었다.

게임을 쉽게 접할 수 있는 접근성이 좋고, 규칙이 간단한 것은 장점이라고 했다. 단점으로는 목적지까지 이동하면서 다른 동물에 업힐 때 밑에 있는 동물은 빠져나가지 못하는 점을 지적했는데 아주 예리한 관찰이었다. 이어서 게임을 하면서 느낀 자신의 장단점에 대해서도 이야기를 나누었다. 남의 이야기를 잘 들어 주지만 자신은 다른 사람에게 설명을 잘 못한다고 하였다. 이 활동의 단점을 보강하는 방법으로 주사위 한 면을 탈출면으로 만들어 밑에 있는 동물이 빠져나올 수 있도록 하면 좋겠다는 신선한 아이디어도 냈다. 게임을 하면서 느낀 소감으로, 간단 하면서도 재미를 끌어내 몰입할 수 있다는 것이 놀랍다고 했다.

♧ 자리 끝에 앉아 있던 정수는

게임의 장점은 간단하고 재미있어 나이와 상관없이 즐길 수 있지만 반면에 너무 간단해서 금방 질릴 수도 있다고 했다. 자신의 장점은 한 곳에 집중을 오래 할 수 있는 것인데, 멘탈이 약한 것은 단점이라고 했 다. 게임은 주사위를 던질 때 뭐가 나올지 집중하게 되고, 캐릭터 동물 들이 서로 업힐 때도 재밌다고 했다. 이 게임이 다른 게임과 다른 점은 주사위를 던졌을 때 1이 나오면 다시 한 번 던질 수 있는 기회를 주는 것이라며 세심한 관찰력을 보였다.

♧ 종인이는

게임의 장점으로 조연이와 반대 의견을 냈다. 동물들이 업히는 게 가 능하고 또 자신이 가지고 있는 동전으로 길을 늘릴 수 있는 것이 장점 이라고 했다. 단점으로는 가족들은 재미있어 할 수 있겠지만 일반 청 소년들은 너무 간단해서 지루할 수도 있다고 했다. 자신의 장점으로는 눈치가 빠르며 말을 잘하고, 단점은 몸이 뚱뚱한 것이라 했다. 이 게임 은 동물들이 합쳐졌을 때가 가장 재밌었으며 자신도 그런 게임을 만들 고 싶다고 하였다.

🌸 운찬이는

마지막까지 누가 이길지 모르는 것이 장점이며, 장기적으로 하기에는 조금 부족하다고 했다. 자신의 장점은 순간 상황 판단력이 좋고, 단점은 화를 참지 못한다고 했다. 간단한 생각이 좋은 아이디어가 될 수 있겠다는 생각이 들었다고 했다.

매일 점심시간에 교장실에서 게임을 하고 게임의 장단점에 대해 분석을 하였다. 그리고 각자의 마음에 대해서도 조금씩 이야기할 수 있는 기회를 가졌다. 하지만 목표는 보드 게임을 만드는 것이고, 목표가 확실하니 보드 게임을 할 때 몰입도가 높았다. 게임 과정을 보는 아이들이 세심하게 관찰하는 모습이 엿보였다. 뚜렷한 목표를 설정하니 아이들의 몸과 마음을 하나 되게 만들었고, 오랫동안 게임을 좋아했던 경험을 가지고 있는 아이들이 게임을 만든다는 생각에 더 큰 호기심을 느끼는 것 같았다.

사실 목표를 정할 때 자신의 꿈을 한번 생각해 보는 것은 아주 중요하다. 그 꿈을 '나는 ___이 되고 싶다'로 표현해 보고, 목표를 성취했을 때의 상황을 글로 적어 보는 방법은 바람직하다. 예를 들어, 가수라면 음악 방송 순위에 1위 하는 것을 써 보는 것이다. 그리고 가장 중요한 것은 그 목표를 향해 행동하는 것이다. 오늘 그 꿈을 위해 한 가지 해야 할 행동, 그리고 한 달, 1년 동안 해야 할 계획과 행동을 실천하는 것이다. 또 내 목표를 위해 본받아야 할 사람을 생각해 보는 것도 목표를 이루는 데 도움이 된다.

사람들은 각자 자기의 재능을 가지고 태어난다. 어떤 아이는 스케이팅, 또 어떤 아이는 언어 학습 능력을 가지고 세상에 나온다. 각자의 세상에서 자기가 하는 일에 각각의 이름을 붙이며 자신의 것으로 만들어 가야 하는 것이 인생의 과정이다. 하지만 어떤 것을 내 것으로 만들어야 할지 혼란스러운 상태가 지속되다 보면 방황하기도 한다. 그런 아이들이 보드 게임을 만드는 것을 공통의 목표로 설정하고 서로 협력하며 몰입하면서 결과물을 만들고 있었다.

　아이들은 보드 게임을 하면서 전율을 느끼고 주사위가 굴러갈 때마다 흥분하는 모습을 보이며, 보드 게임의 하나하나에 웃음과 함성으로 반응하고 있었다. '반응하다'의 어원을 살펴보면 '답례를 약속한다'라는 뜻이다. 이러한 아이들의 반응 능력이 앞으로 어떤 상황이 오더라도 할 수 있다는 강력한 약속 신호처럼 보였다.

　인도의 사상가 카비르가 이런 말을 했다. '당신이 어디에 있든 그곳이 시작점이다. 지금 시작하여 계속 하다보면 다음에는 어떤 것을 해야 할지 스스로 알게 될 것이다.' 이 말은 지금 당장 시작하는 것이 자신이 좋아하는 세상 속으로 뛰어드는 것이며, 더 나은 길이 있음을 알게 된다는 말이다.

세계 최고로 향해가는
프로 게이머의 생존법

_두려움과 부정적인 시선을 당당히 이겨낸
프로 게이머들의 인생 수레바퀴

마음 톡!  _프로는 프로를 인정한다. 게임으로 세계 최고가 될 수
있다.

　우리학교에는 아주 특별한 선수들이 있다. 올해 2월에 창단한 6명으로 구성되어 있는 롤(LOL) 팀이다. 어떻게 고등학교에 게임팀이 있을 수 있는지 궁금해 하는 사람이 많다. 대부분 일반인들이 알고 있는 게임 관련 상식은 아주 미미하다. 사실 게임에 대한 내용을 알고 싶어도 어렵게만 느껴지고, 그동안 게임 이미지에 대해 긍정적인 면보다는 부정적인 인식이 널리 분포되어 있었기 때문이다.

　가정에서도 게임이 공부를 방해한다는 이유로 게임을 통제하면서 엄마와 아이 사이에 갈등이 생기고 대화가 단절되는 경우가 비일비재하다. 게임을 부정적인 시선으로 바라보는 부모라면 아이들을 게임과 떼어놓는 것이 바람직하다. 하지만 눈을 뜨면 접할 수 있는 것이 게임인데 아이를 24시간 쫓아다니면서 감시할 수도 없는 상황에서 게임과 아

이를 완전히 분리하는 일은 거의 불가능하다. 대부분 상담을 의뢰하는 부모들은 통제 방법으로 아이를 지도하다가 아이가 학교를 그만 두거나, 도저히 어떻게 할 수 없는 절망적인 상황이 되어야 상담을 의뢰한다. 또 정말 프로 게이머를 해도 되는 실력인지도 궁금해 한다. 그동안 게임하는 아이들을 만나 상담해 보니 대부분은 학교 공부를 잘 따라가지 못했고, 가정에서의 여러 가지 사정 등으로 게임을 가볍게 시작한 것이 지금까지 왔다고 말했다. 결국 게임을 결핍된 사랑의 대용 방안으로 선택한 것이다. 다른 무엇에도 의존할 수 없는데 가장 쉽고 편안하게 해주는 게임을 선택하니 그것을 벗어날 수 있는 기회를 갖지 못한 것이다. '이렇게 계속 반복만 할 것인가? 다른 방법은 과연 없는 것일까?'라는 고민을 시작으로 학교에서 게임을 할 수 있는 과를 만들게 되었고, 그 아이들과 함께 좀 더 전문적인 팀을 만들어 보자는 목표가 생겼다.

아직 미미한 점이 많지만 팀을 창단했다는 소리를 듣고 많은 곳에서 관심을 보이며 지원해 주었다. 언젠가 한 방송에서 어릴 때 게임을 하며 즐거웠던 기억을 추억 삼아 자신이 운영하는 카페에 게임기를 설치했더니 다른 카페와 차별성이 생기며 매출이 증대했다는 보도를 본 적이 있다. 게임을 하는 것 자체가 문제가 아니라, 그것을 부정적으로 바라보는 주위의 눈길이 아이를 불안하게 만들고, 주눅 들게 하며 수치심을 갖게 만드는 것은 아닌지 생각해 보아야 한다. 게임 산업은 4차 산업사회에 부가가치가 가장 높은 유망한 분야 중 하나이다. 이 산업은 직접 경험하지 않는 사람은 절대로 그곳에 종사할 수 없는 전문적인 분야이기도 하다.

　팀을 창단할 때 신촌에 있는 에버8의 위너스 프로팀의 도움을 많이 받았다. 팀 창단식에는 선수 부모님, 위너스 팀의 관계자와 프로 선수들이 와서 직접 우리 선수들의 멘토 역할을 해 주었다.

　이에 대한 보답으로 두 팀이 우리학교에 모여 함께 모험놀이 상담을 하게 되었다. 매일 앉아서 게임만 하다보니 움직이는 활동을 했으면 좋겠다는 취지에서였다.

　먼저 두 명씩 발목을 붙이고 이동하는 '발목을 붙여라' 놀이를 했다. 처음에는 다들 어색해 하면서 엉성한 포즈로 이동을 했다. 발목을 붙이고 이동을 하다보면 마음대로 되지 않고 서로의 발이 떨어질 때가 많으며, 함께 이동하기 위해서 짧은 순간 다양한 대화를 하게 된다. 이동을 쉽게 하기 위해서 하나, 둘 박자를 맞추면 쉽게 성공할 수 있다.

　아이들과 대화할 때 사전에 충분한 분위기를 조성할 수 있는 놀이를 시도해 본다면 성취감이라는 것이 이런 것이구나 하고 몸으로 체험하게 된다. 다음으로 '두 손 잡고 함께 일어나기' 놀이를 했다. '발목을 붙여라' 놀이 후 '두 손 잡고 함께 일어나기' 놀이를 하면 서로 재빠르게 이견조율을 하며 일어서는 시간이 단축되고 창의적인 아이디어가 나오는 상황을 볼 수 있다. 일반 학생들은 이 놀이를 하다 성공하면 함성을 지르고 좋아하는데, 선수들은 이런 놀이를 처음 해봐서 그런지 즉각적 감정 표현 대신 당황스러운 표정을 지었다.

사실 나도 당혹스러웠다. 학교 아이들에게 개별상담을 통해 여러 번 시도해본 놀이라 어떤 반응이 나올지 예측하고 있었는데, 선수들은 어색하고 힘들어 하는 모습이 역력했다. 중간에 그만 둘까 생각했지만 시작했으니 끝까지 해보자 생각하고 진행을 계속했다. 놀이는 사실 움츠러들거나 무거운 생각이 들면 의도가 반감된다. 마음을 놓고 아무 생각 없이 놀아야 한다. 역시 막판에는 몸이 풀렸는지 얼굴에 미소가 돌기 시작하며 입꼬리가 올라갔다. 모험놀이는 어떤 과녁도 막힘 없이 찾아가는 신비로운 마법의 화살이다.

한 시간 정도 놀이를 하고 난 후에 6등분 된 수레바퀴 모양의 그림이 있는 종이를 나누어 주었다. 원 안에 게임, 사랑, 사회생활, 돈 등 각자 인생에서 가장 중요하다고 생각하는 것을 쓰도록 하였다. 그리고 원 중앙이 0점이고 끝이 10점이라고 설명하고 각각 점수를 표시하도록 하였다. 이 활동은 자기 자신을 좀 더 정확하게 인식하는 데 도움이 된다. 삶의 영역에서 자신이 무엇을 중요시하고 그것을 현재 어느 정도 하고 있는지 살

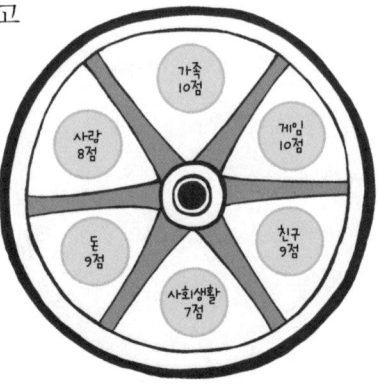

펴보면서 앞으로 자신이 가야 할 방향을 마음 속으로 다짐해 보는 것이다.

다음은 선수들이 중요하게 생각하는 것들과 점수다.

🗨 민규

LOL게임 10점 · 사랑 10점 · 가족 10점 · 행복 10점 · 건강 10점 · 돈 10점

민규는 모든 항목에 만점을 주었다. 여섯 가지 항목 모두가 중요하다고 했고 소중히 여겨 잘 살고 싶다고 하였다. 그리고 건강이 가장 중요한데 게임할 때 바른 자세로 하며 스트레칭을 꾸준히 하고, 저녁 먹고 1시간은 꼭 운동을 하겠다고 하였다.

🗨 덕중

게임 10점 · 가족 10점 · 돈 8점 · 친구 7점 · 여행 5점 · 노래 5점

덕중이는 실제 해야 할 행동과 마음이 전혀 다른 것 같다고 했다. 또 자신이 원하는 인생이지만 이렇게만 산다면 재미없을 수도 있겠다고 반성하였다. 여행도 좋지만 우선 여가시간을 잘 활용하고 싶다고 하였다.

🌸 진희

| LOL게임 10점 | 직장 9점 | 사회생활 8점 | 건강 7점 | 경제 6점 | 사랑 5점 |

진희는 전체적으로 부족하지만 열심히 하겠다고 하였다. 앞으로 건강 관리와 공부를 더 하고 싶다고 한다.

자신이 중요하게 생각한 것을 쓰고 각 칸에 있는 점수와 점수에 선을 이어 보도록 했다. 그리고 이것이 '인생의 수레바퀴'라고 한다면 잘 굴러 갈 것인지 살펴보며 두 사람씩 짝을 지어 더 깊은 이야기를 나누도록 하였다. 모험놀이 상담을 진행할 때 나름대로 원칙이 있다. 전체 프로그램을 한 다음에는 두 사람이 대화를 나눌 수 있는 시간을 준다. 재미있게 놀고 나서 서로의 이야기를 마음껏 공감해 주는 역할을 부여하고, 서로 어떤 말을 해도 인정하고 지지해 주는 것이다.

이런 설정은 그 동안의 경쟁교육에서 잃어버렸던 사람에 대한 신뢰감을 회복하게 된다. 나도 모르게 학교에 다니면서 주도권을 가져야 생존할 수 있다는 생각에서 벗어나 잠시나마 위안을 받는 사람을 만나는 것이다. 활동을 하다 보면 아이들은 전부터 알던 사람처럼 무릎을 맞대며 오손 도손 이야기를 한다. "자, 이제 그만." 소리를 해도 끝까지 놓지 않고 이야기하는 사람도 있다. 이 활동을 할 때 나는 아무 생각 없이 주변을 움직이며 아이들을 지켜본다. 어떤 생각이나 판단도 없이 그저 가만히 서 있는 가장 순수한 시간이다보니 진행자로서도 활동하는 모습에 온전히 빠지게 된다.

인생의 수레바퀴가 잘 돌아갈 것 같은가?

인생의 수레바퀴 안에 들어간 내용은 미래에 대한 생각일 수도 있고 지금의 생각일 수도 있다. 대부분 자신이 선택한 게임에 대한 만족도가 높았으며 잘 돌아갈 것 같다는 자신감을 보였다.

게임 전문가의 말에 의하면 우리나라 프로 게이머들의 재능은 세계 최고라고 했다. 외국 프로구단에서 한국선수들을 선호하며, 좋은 선수를 선발하기 위해 전지훈련도 한국으로 온다고 했다. 하지만 축구나 야구보다 선수 생활이 길지 않아 프로 게이머들은 영역을 넓힐 수 있는 능력을 갖추는 게 급선무라고 했다.

함께 이야기를 나누면서 떠오른 생각은 이들은 누구도 가지 않은 새로운 길을 향해 달리고 있는 창의적인 사고를 하는 사람이라는 것이다. 또 게임이 자기 안의 두려움과 부정적인 사고에서 벗어나게 하는 유일한 힘이며, 열심히 하다보면 언젠가 부정적 시선에서 벗어나 평온한 마음으로 자신의 큰 꿈을 만날 수 있다는 확신이 필요하다고 하였다.

어느 책에서 '부정적인 생각은 생각일 뿐 사실이 아니다'라는 구절이 마음에 와 닿아 손뼉을 치며 좋아했던 적이 있다. 부정적 생각이 사실이 아니라고 말로만 표현해도 마음이 편해진다. 또 잠자리에 들기 전, 하루 동안 부정적으로 생각했거나 말했던 것을 긍정적 단어로 만들어 고쳐보는 연습을 해 보는 것도 좋다. '나는 재수가 없어.', '하는 일마다 그저 그래.'를 '나는 하는 일마다 대박이다.'라고 고쳐 본다. 가정에서는 실제로 아이의 입장에서 자주 대화하고 인정해 주는 것이 중요하다. 마음에 들지 않는 행동을 하거나 거슬리는 말투가 나오더라도 인내심을 가지고 기다리면 마음 속에 있는 말을 들을 수 있으니 진심으로 기다려 주는 자세가 필요하다.

얼마 전 학교에 미국에서 활약하는 프로 게이머 후니 선수가 방문했다. 학교를 자퇴한 친구인데 1년 만에 영어를 유창하게 사용하였다. 부모님을 초청해 미국 경기장을 구경시켜 드리니 부모님이 기뻐하셔서 정말 보람있었다고 한다. 어쩔 수 없어 학교를 자퇴하고 갔지만 후회는 없고, 앞으로 중국으로 진출할 계획이라 중국어도 마스터해 현역 선수 이후의 삶도 준비하고 있었다. 후니 선수는 선수 생활에 만족하고 있었다. 하루에 12시간 이상 연습을 하지만 자신이 선택한 일이라 정말 재미있다고 한다. 하루 종일 앉아 있기 때문에 저당한 운동과 체력관리도 병행하며 컨디션 조절을 한다고 전했다. 현재 후니 선수는 세계 최고 팀인 SKT T1에 입단하였다. 세계로 향해가는 프로 게이머들 파이팅!

유럽을 넘어 북미에서도
연승 행진을 이어가는
후니 선수와 함께

보드 강국 독일행!
보드 게임을 만들어라

_게임 능력으로 독일행 보드 게임을 만든 아이들

 마음 톡! _분명한 목표가 있는 아이들은 자기만의 스토리를 창조한다.

　독일에서 열리는 에센보드박람회에 참가하게 되었다. 게임제작과 아이들이 직접 보드를 제작하여 판매도 할 예정이다.

　우연히 보드를 가르치는 분과 연결되었는데 모험놀이 상담 과정의 반응이 좋아 모험놀이를 보드화시키자는 제의가 들어왔다. 우리학교 게임제작과 아이들에게 보드 만드는 작업을 하면 좋겠다는 신선한 아이디어와 함께 보드 게임 제작에 들어갔다.

　게임제작과 아이들에게 보드 게임을 만들어 보자 하니 다들 적극적이었다. 교장실에 온 아이들과 시간을 내어 본격적으로 보드 게임을 만들기 시작했다. 게임 고수이면서 보드 작가에 호기심을 가진 아이들 5명과 같이 시작을 했다. 아이들은 생각보다 눈을 반짝거리며 강한 의욕을 보였다.

　나중에 안 사실이지만 독일은 보드 강국이며 세계 보드 엑스포를 개최할 정도로 유명하다고 한다. 보드 선생님은 보드를 만들어 독일의 엑스포에 참가하자는 의견을 제시했다. 아이들에게 새로운 일에 대한 동기 부여가 될 수 있는 좋은 기회지만 예산이 많이 든다고 했다. 보드 만드는 제작비용과 독일에 참가할 때 발생하는 비용이 만만치 않았다. 하지만 일단 시작해보고 방법을 찾아보자는 막연한 기대감을 가지고 도전했다. 아이들에게도 "다양한 방법으로 노력을 하겠다.", "예산이 없어 못갈 수도 있지만 한번 해보자."라고 했다. 학교 예산으로는 사실 상상도 할 수 없는 일이었다.

얼마 후 보드 선생님께서 서울시 창조전문인력 미래형 신직업군 양성 사업 공모가 있다는 정보를 주어 신청을 하였다. 사업계획서에 아현산업정보학교 게임제작과와 연계해 아이들에게 보드 게임을 접하면서 보드 작가라는 새로운 꿈을 미래형 직업으로 만들어 보겠다고 적었다. 마지막 심사 단계에서는 아이들이 직접 서울시에 참석해 면접도 보았다. 신청은 했지만 선정된다는 확신이 없어 초조하게 결과를 기다렸다. 어느 날 보드 선생님으로부터 공모에 선정이 되었다는 반가운 소식이 전해 왔다. 점심시간에 아이들에게 소식을 전하며, "그래, 선생님은 이상하게 될 것 같았다.", "걱정이 안 되더라." 하며 너스레를 떨었다. 독일행이 가능해지자 마음이 바빠져서 꽤 오랜 시간 동안 앞으로 해야 할 일들에 대해 계획을 세웠다.

두 달 정도 매일 점심시간에 만나 보드 게임을 했다. 외국에서 유명한 보드 게임은 다양했다. 보드 선생님은 1분 안에 가능한 파티 게임으로 누구나 쉽게 접할 수 있는 딩고 푸스키 등 오픈형 게임부터 시작을 했다. 사크라는 경제 게임, 머리를 쓰는 멘사 게임, 스트로우 수리력 게임,

카탄이라는 전략 게임 등 100여 가지 보드 게임을 체계적으로 해봐야 한다며 준비를 해 주었다. 다른 재미있는 보드를 많이 접해야 좋은 보드를 만들 수 있고, 무엇보다 보드의 중심이 되는 이야기, 바로 스토리가 힘이 있어야 한다고 했다.

우선 어떤 보드 스토리를 만들기 전에 각자 자신의 이야기를 해보기로 했다. 잘 알고 있는 내면의 이야기를 통해 새로운 보드 스토리의 주제를 만들기로 한 것이다. '내가 좋아 하는 것은 이것이야.', '나는 이것이 정말 싫어.', '정말 그때는 힘들었어.', '그 친구와 함께 했을 때는 나는 정말 행복했지.' 이러한 자신의 이야기를 말하고 쓰다보면 내가 무엇을 원하는지 알게 된다. 생각을 하나씩 정리하다 보면 어느새 내 마음 어디선가 '이것 해 봐.', '저것을 해 봐.', '너는 할 수 있어.' 하는 변화의 소리를 듣게 된다. 이렇게 내면과의 접촉은 스스로 치유가 되며 자신의 삶을 소화할 수 있는 능력을 갖게 된다. 그래서 아이들과 자신의 스토리를 쓰고 말하는 시간을 가졌다. 일주일에 5가지 질문을 주고 각자 써오면 그것을 가지고 이야기하는 식으로 진행하였다.

아이들과 자연스럽게 자리에 앉아 지난주 했던 보드 이야기를 나눈 다음, 최근 구입한 팀플이라는 주사위를 던지면서 나무 조각을 세우는 보드 게임을 했다. 보드 게임을 마치고 미리 준비한 질문을 보면서 이야기를 시작했다. 첫 주 질문은 자신에 대한 과거와 미래 꿈에 대한 것이다.

Q : 살면서 도움 받은 사람으로 누가 생각났는지 물었다.

머뭇거리던 철구가 입을 열었다. 삶에서 가장 도움 받은 사람은 부모님이라고 했다. 또 자신의 이야기를 항상 전부 들어주고 고쳐야 할 장점과 단점을 조언해 준 학원 상담 선생님도 기억이 난다고 했다. 자연스럽게 현태가 이어 말했다. 게임을 개발하는 사람들로부터 도움을 많이 받는다고 했다. 백석이는 누나와 선생님에게 도움을 많이 받았다고 했다. 선생님은 궁금한 것을 잘 답변해 주어서 고맙다고 했다. 정수는 다른 친구들보다 좀 더 구체적인 이야기를 했다. 엄마는 인성을 좋은 방향으로 이끌어 주고 가장 큰 영향을 주었고, 누나 덕분에 인내심이 많이 향상되었다고 했다. 이야기 끝에 나도 가장 도움 받은 사람은 어머니인데 항상 지지하고 격려해준 것이 도움이 많이 되었다고 말했다. 주로 부모님과 선생님, 친구들로부터 도움을 받았다고 했다.

도움 받은 기억으로 시작하는 것은 지금 상황을 긍정적으로 생각하는 데 도움이 되기 때문이다. 이렇게 도움 받은 경험은 힘이 들 때 무언가를 할 수 있는 에너지원이 되어 믿음의 원천이 된다. 사람에 대한 믿음은 어느 순간 내가 도움이 될 수 있는 잠재력 있는 사람으로 변화할 수 있는 가능성을 갖게 해준다.

Q : 살면서 혹시 자신의 삶을 방해한 사람이 있는지 물었다.

잠시 정적이 흘렀다. 질문의 내용을 잘 파악하지 못한 듯하여 다시 한 번 반복해서 설명하였다. 이번에는 백석이가 중학교 친구라고 했다. 농담으로 그 친구 덕분에 3년 동안 공부를 안 하고 놀기만 했다고 한다. 앞에 있던 현태는 자신은 아무 이유 없이 누군가를 미워하는 사람들을 싫어한다고 했다. 한 친구는 아빠를 별로 좋아하지 않는다고 했다. 정현이는 자신의 삶을 방해한 사람이 없다고 했다. 그 이유가 '내 삶을 방해한 것이 결국 나를 성장시켰기 때문'이라고 말하자, 아이들이

박수를 쳐 주었다. 말없이 듣고 있던 철수가 중학교 3학년 때 특성화고를 가서 남들보다 더 일찍 공부하고 싶었지만 부모님이 반대해서 가지 못했다며 후회된다고 했다.

삶에서 부정적인 경험은 항상 자신의 급소를 찌른다. 이러한 부정적인 경험 속에는 중심을 흔드는 부정적인 생각이 자리잡고 있다. 그 상황을 알아채고 이해하는 것은 매우 중요한 일이다. 보통 우리는 생활 속에서 자신의 부정적인 면을 드러내는 것을 두려워하며 꽁꽁 숨긴다. 그렇게 굳어져 영원히 해결되지 않을 거라고 단정짓지만 그렇지 않다. 처음에 말을 꺼내기가 힘들지, 일단 말하기 시작하면 어느새 다 지나간 일임을 알게 된다. 또한 그 일을 객관적으로 바라보면 그 상황이 이해가 되고, 마음이 가볍고 편안해지며, 불편했던 일들에 대해서 안정감을 회복하게 된다.

Q : 내가 하는 일이 무조건 잘 될 거라고 가정하고, 하고 싶은 일이 무엇인지 물었다.

철구부터 돌아가면서 이야기를 했다. 아주 재미있는 것들이 많이 나왔다. 처음에는 미리 쓴 것을 가지고 이야기하다가 그 외에 다양한 것들을 쏟아내며 재미있어 했다. 운동선수, 거짓말 없는 인생, 바둑 기사, 돈이 많은 삶, 특수 능력(마인드컨트롤, 시간 되돌리기 등)이 있는 삶, 여행을 많이 다니는 삶, 좋은 사람을 많이 만나는 삶, 나를 진심으로 사랑해 주는 와이프를 만나서 오순도순 사는 삶, 게임을 좋아하니 게임의 천재로 태어나서 프로 게이머가 되어 보기, 축구선수, 회사원, 경찰, 부자로 살아보기, 취미에 미쳐 보기, 미친 사람처럼 살아보기, 나보다 부족한 사람들을 도우며 살기, 그림 잘 그리는 삶 등 평소 생각지 못한 다양한 꿈 목록을 만들어냈다.

이 질문은 어린 아이들이 내가 하고 싶은 일을 잘 모를 때 자주 사용하는 문구이다. '만약 내가'라는 가정을 한다면 세상에 하지 못할 일이 무엇이 있겠는가? 그리고 이 가정이 현실로 이루어지지 말라는 법도 없다. 마음껏 꿈꾸고 그 꿈을 향해 가는 것은 멋진 일이다. '만약에'라는 질문은 왠지 안될 것 같은 부정적인 마음의 잠금장치를 털어내는 데 탁월한 효과를 발휘한다.

이야기하다보니 두 시간이 금방 지나갔다. 이렇게 자신의 이야기를 하고 난 소감을 들어 보았다. 이번에는 정수가 먼저 입을 열었다. 내가 아닌 다른 사람의 이야기를 듣다보니 같은 주제인데 다양한 생각을 한다는 사실을 깨달았다고 했다. 다양한 생각은 자신의 주관이고, 자신의 주관을 성격이라고 생각한다고 말했다. 살면서 자신이 느끼지 못한 것을 다시 상기시켜 준 것 같고 친구들의 생각을 알 수 있었으며, 터놓고 이야기하는 방식이 새롭다고 했다. 친구들을 더 이해할 수 있어 좋은 추억이 되었고 평소에 이런 시간을 갖지 못한 것이 아쉽다고 했다. 살면서 이런 질문들을 받아본 적이 없었는데 자기 자신을 되돌아보는 시간을 가진 것 같아 정말 좋았다고 했다.

아이들의 목표는 자기 보드를 만들어 꿈에 그리던 독일에 가는 것이다. 목표가 분명하니 아이들이 자신에 대해서 솔직해졌다. 교장실에 들어오는 아이들은 만나는 시간이 기다려지는 모양인지 정확한 시간에 도착하고 얼굴에는 활기가 넘쳤다. 우리가 쓰는 스토리 노트도 "몇 시까지 갖다 놓아라." 하면 정확하게 내용을 채워서 갖다 놓았다. 행동에

아이들이 직접 참여하고 만든 보드 게임

도 자신감이 생기니 보드 놀이를 할 때도 점점 보드 종이의 질, 재미 유무 등 보는 태도가 달라졌다. 목표는 이렇게 아이들 마음을 흔들어 그동안 신경 쓰이던 다른 사람을 의식하지 않고, 방관자가 아닌 드라마의 주인공처럼 당당히 행동하게 만든다.

자신의 이야기를 하면서 스스로 재인식 과정을 거쳐, 과거의 이야기가 새로운 상처가 되는 것이 아니라 희망의 메시지가 되었다. 일반적으로 게임을 만들려면 컴퓨터 공부를 많이 해야 한다. 평소 공부에 관심이 없었던 아이들에게는 아주 큰 장애물인 것이다. 학원에도 다녀 보지만 그 난관을 극복하는 것이 쉬운 일이 아니다. 그런데 보드는 만들 수 있다는 자신감이 생기는 모양이다. 자신이 그동안 밤새며 했던 게임 캐릭터와 게임 방법 등이 보드 게임을 만드는 데 도움이 된다는 것을 안 것이다. 무슨 일을 하든 부정적인 마음이 사라지고 수치심도 없어져 아이들

(주)건전한 놀이문화 운동본부 김세희 대표

아현산업정보학교 강철구·강인석

독일 에쎈(ESSEN)
무역전시장에서 열리는
'독일 에쎈 페어' 현장 사진

마음에 당찬 자신감이 생겼다. 아이들 입에서 '못해요'라는 단어는 어느 새 사라졌다.

　보드 만드는 일은 창의적인 작업이다. 모바일 게임이나 온라인 게임 과 보드 게임의 만남은 융합의 산물이며 오프라인과 온라인과의 만남 이다. 모바일은 모든 사람의 손에 달려 있는 플랫폼과 같아 언제 어디 에서나 만날 수 있다. 반면에 보드 게임은 면대면으로 아날로그식이다. 그 동안 수많은 시간 온라인 게임에 몰입했던 아이들의 역량이 신비로 운 창조성과 만나 폭발하기를 기대했다. 아이들의 스토리가 보드 게임 과 만나 어떤 일이 일어날지 정말 궁금했다.

드디어 2016년 10월 10일 최종적으로 두 명의 아이들이 독일로 향했다. 독일에서 직접 외국인들과 보드 게임을 경험한 철구는 짧은 영어로 열심히 설명해서 게임을 팔았다고 했다. 13일 오후쯤 처음으로 정장을 입은 사람이 오더니 우리 게임 '레인보우 35'에 관심을 보여 라이센스 계약을 맺었고, 그 후 미국, 영국, 프랑스 독일 폴란드와도 라이센스 계약을 체결했다고 한다. 내성적인 성격인 철구는 앉은 자리에서 허리를 세우며 이런 경험은 처음이라 신선하다고 했다. 영어의 필요성을 느껴 영어 공부를 더 열심히 하고 싶다고도 했다. 세상에 태어나 이렇게 다양한 사람을 접한 것도 처음이고, 정말 새롭고 경이로운 경험이었다며 즐거워했다.

😊 독일 보드 게임 소감문 _감철구

게임제작과에 와서 동아리에 들어가고, 게임을 만들어 판매를 했습니다. 동아리에 들어가서 게임을 만들고 판매할 때까지 재미도 있었지만 쉽지 않은 시간이었습니다. 가장 처음 '어떤 보드 게임을 만들까?' 생각할 때 너무나도 많은 아이디어가 있었습니다. 하지만 그 많은 아이디어들 중 보드 게임으로 만들어진 것은 몇 개 안 되었고 만들어진 것 중에 상품화가 결정된 것은 'Rainbow 35'뿐이었습니다. 'Rainbow 35'도 처음에는 단순한 숫자 맞추기 게임이었는데, 경쟁률을 올리기 위해 색깔을 더했습니다. 이 아이디어를 상품화하기 위해 약 한 달이라는 시간 동안 수없이 보드 게임을 변형했고 그 중 채택된 것이 지금의 'Rainbow 35'입니다.

아직 완제품이 나오지 않았을 때, 제가 만든 프로토 타입(카드에다가 종이를 붙여서 만듦)을 가지고 코엑스 보드 게임 박람회에 가서 시연을 해보았습니다. 처음엔 사람이 별로 모이지 않아 기죽어 있었지만 12시가 넘어갈 때쯤 되자 입장하는 사람들의 수가 늘어나면서 제 게임에 관심을 가진 분들이 많았습니다. 그 후 디자이너를 만나 게임에 들어갈 디자인을 구하고 카드를 인쇄했습니다. 그렇게 나온 완제품을 가지고 제주도 수학축전에서 첫 판매를 시작했습니다. 많은 아이들과 부모님들이 재미있게 즐겨주기는 했지만 판매로 이어지는 부분은 별로 없었습니다.

저희는 부푼 꿈을 안고 첫 목표이자 꿈의 장소인 독일에 갔습니다. 첫 해외 경험이기에 기대감이 더욱 컸습니다. 세계적 대기업들의 부스를 보고 감탄하며 저희 부스에 도착하니 많이 비어보였습니다. 테이블과 의자를 빌리고 가져온 팸플릿과 보드 게임을 세팅하니 훨씬 부스 같았습니다.

많은 외국인들이 우리 부스에 왔고 영어로 설명하며 팔았습니다. 설명을 하면서 제 영어 실력의 한계점을 알게 되어 공부를 해야겠다고 생각을 하였습니다.

취업을 하기 위해 이력서와 자기소개서를 쓰는데, 쓸 수 있는 것이 너무 없었습니다. 그래서 보드 게임을 만들고 판매한 경험을 썼습니다. 지금까지 나갔던 게임 관련 대회와 그곳에서 일등한 사실을 써서 자격증 하나 없이 취업할 수 있었습니다.

아이들이 지키고 싶은 것 1위가 궁금하다

마음 톡! Talk★ _아이들이 지키고 싶은 1위는 가족이었다.
_아이들에겐 지키고 싶은 것을 지키고 버리고 싶은 것을 버릴 수 있는 힘이 있다.

교장선생님

개학하고 교실을 찾아다니는 '5분 이동 상담'을 시작했다. 간단한 모험놀이 후 마음을 살짝 드러내 보는 질문을 준비했다. 교실 속에서 여러 명과 상담하는 데는 한계가 있기 때문에 교장실에서 이어서 하자고 약속했다.

아이들 7명이 활짝 웃으며 교장실로 들어왔다. 먼저 초코파이를 먹고 재밌는 놀이를 한 후, 아이들이 편안해 보여 상담을 시작했다. 종이와 불펜을 나누어 주고 종이에 원을 그리도록 하였다.

원 안에는 지키고 싶은 것 세 가지, 원 밖에는 버리고 싶은 것 세 가지를 쓰세요.

"생각하지 말고 떠오르는 것을 부담 없이 써봐."라고 설명을 해 주었다. 5분 정도 지난 다음 쓴 것을 가지고 돌아가면서 이야기를 나누었다. 아이들과 상담을 할 때 길게 시간을 준다고 해서 대답을 잘 하는 경우는 드물다. 쓰기 전에 약간의 놀이를 하고 편하게 지금의 생각을 쓰면 된다고 말해주면 더 솔직한 이야기를 들을 수 있다. 특히 글이라고 말만 해도 부담스러워 하는 아이들은 뭔가 잘 써야 한다는 생각을 한다. 자기의 생각보다 잘 보이려고 하다보면 딱딱한 분위기가 될 수 있다.

차분해진 윤희가 "버리고 싶은 건 생각이 안 나요."라며 지나가는 말을 했다. 선생님은 "밤늦게 먹는 야식을 버리고 싶다."고 예를 들어 설명을 해주었다. 인비는 옆에서 한 손을 턱에 대고 조용히 써 내려갔다.

윤선이는 가족, 꿈, 정을 지키고 싶다고 하였다.

꿈을 가지면 삶의 목표로 삼아 발전할 수 있고, 가족은 안식처가 되어 주고 기댈 수 있게 해주며, 사람은 정이 있어야 한다고 했다. 버리고 싶은 것들은 질투, 잠, 게으름이라고 한다. 사람들을 질투하지 않고 다 좋아하고 싶고, 게으름과 잠은 꿈을 향해 다가가는 데 걸림돌이 된다고 했다. 윤선이의 꿈은 '웨딩메이크업'이라고 하면서 부지런하게 몸을 움직여 실력을 쌓겠다고 했다.

💬 몽준이는 버려야 할 것으로 게으름, 살, 오버워치 게임이라고 했다.

오버워치 때문에 돈낭비, 시간낭비를 한다고 했다. 계정을 탈퇴하고 재미있는 삶의 목표를 찾고 싶고 인간다운 사람, 책 많이 읽기, 착하게 살고 싶다고 했다.

💬 윤희는 가족, 예의, 책임감을 지키고 싶다고 하였다.

가족이 없으면 생활하는 데 외로움이 심해지고 살기 힘들 것 같고, 예의는 기본적으로 필요하다고 했다. 버리고 싶은 것은 욕과 부정적인 생각, 스트레스라고 했다. 욕은 앞으로 생활하면서 줄이겠다고 한다. 스트레스를 해소할 만한 취미를 갖도록 노력하겠다고 했다.

💬 인비는 돈, 직업, 가족을 지키고 싶고, 지금 '그냥 힘들다'고 했다.

대학과 몸매를 버리고 싶다고 했다. 모든 것이 정해져 있는 것 같다고 한다. 외모지상주의에 대학을 나와야 하니까. 그럼에도 꿈은 나중에 자신이 선택한 일을 했으면 좋겠다고 했다.

💬 흰색 반팔을 입은 영선이가 이야기를 시작했다.

돈, 가족, 핸드폰을 지키고 싶다고 했다. 버리고 싶은 것으로는 손 주름, 뱃살, 손톱 물어뜯기라고 했다. 지키고 싶은 것들은 제일 소중한 것들이어서 없으면 정말 슬플 것 같다고 했다. 버리고 싶은 것이 너무 많은데 손에 주름이 너무 많아 미워 보이고, 살이 너무 많이 쪄서 살을 버리고 싶다고 했다.

🌼 안경을 쓴 민석이가 가족의 정의를 철학자처럼 말했다.

가족은 여태껏 당연하게 여겨왔던 것인데 없으면 너무 힘들고 적응도 안 될 것 같다고 한다. 인생의 반을 함께 한 사람들이기 때문이라고 진지한 표정으로 말했다.

짧은 시간이었지만 아이들은 의외로 편안하게 이야기를 했다. 동그란 원 속에 마치 약속이나 한 듯 지키고 싶은 것으로 모두 '가족'을 썼다. 부모이며 아이들을 가르치는 한 사람으로 왠지 마음이 짠해지며 고맙고 기특한 생각이 들었다.

또한 아이들 스스로도 자신의 문제점을 잘 알고 버리고 싶은 것 중 가장 많이 나온 것은 '게으름'이었다. 우리나라 아이들은 부지런하다. 문제는 너무 어린 시절부터 바쁘게 생활하다 보니 지쳐버린 경우가 많다. 학교 성적이 나쁘고, 영어, 수학 성적이 나쁜 것을 본인이 게을러서 그렇다고 생각하니 참으로 안타까운 일이다. 아이들의 이런 생각을 바꿔주는 방법은 하루에 짧은 시간이라도 아이들이 좋아하는 것을 할 수 있는 여가 시간을 주는 것이다. 아이들이 좋아하고 반복할 수 있는 것을 지원하고 공감해 주면, 아이들은 자신이 하기 싫어도 해야 할 일이 무엇인지 알고 실천하게 된다. 이런 시작은 아이가 지킬 수 있는 작은 것으로부터 출발하는 것이 좋다.

버리고 싶은 것을 버리지 못하는 이유는 잔인한 말이지만 바로 자신이다. 우리에게는 자기 파괴적이고 회의적인 마음의 요소가 있기 때문이다. 자기 파괴적인 것은 부정적 생각이 자신을 자해하는 것이다. 이런 부정적인 생각은 내가 무엇을 하려고 할 때 나의 급소를 치며 '오늘은 쉬고 내일부터 꼭 하자.'고 속삭인다. 특히 이럴 때 보통 A 아니면 B라는 양자택일의 생각이 자신을 지배하며 다른 길이 보이는 것을 막아버리게 된다.

　5분이라는 아주 짧은 시간이지만 버리고 싶은 것을 한쪽으로 치워버리고 원 밖에 경계선을 설정해 보았다. 이것은 아주 미세하지만 마음을 여는 연습으로 새로운 것에 도전할 수 있는 힘을 갖게 해준다. 원 밖으로 해로운 것을 버리는 일은 단순해 보이지만 그 효과가 크다. 마음은 생각보다 행동을 믿는다. 이보다 더 확실한 방법은 혼자 동네 놀이터에 가서 나뭇가지로 바닥에 큰 원을 그리고 원 안에 지키고 싶은 것을, 원 밖에 버리고 싶은 것을 한번 써본다. 스스로 무엇을 해야 하는지 정리가 될 것이다. 물론 도전하다 보면 실패하여 좌절할 때도 있겠지만, 그것을 소화시킬 수 있는 충분한 능력이 있다고 믿는다.

심규성_프로 게이머_하스스톤 2014 한중 마스터즈 국가대표

> **01.** 나는 언제, 어떻게 게임에 점점 빠져들게 되었나요?
> **02.** 게임을 하는 시간이 하루 중 몇 시간이나 되나요?
> **03.** 게임에 빠져 들면서 내 생활에는 어떤 변화가 왔나요?
> **04.** 게임에 푹 빠진 이유는 무엇인가요?
> **05.** 언제부터 스스로 게임하는 시간을 조절하거나 게임 말고 다른 것을 찾아야
>   겠다고 생각했나요?
> **06.** 지금 나는 무엇을 하고 있고, 앞으로는 무엇을 하고 싶나요?
> **07.** 게임은 나에게 어떤 의미이며, 게임을 하면서 어떤 긍정적인 영향을 받았나요?
> **08.** 게임을 좋아하는 후배들에게 어떤 얘기를 해주고 싶나요?

　중·고등학교 때부터 스트레스를 풀기 위해 시작했던 게임이었는데 남들보다 잘한다는 걸 깨닫게 된 순간부터 본격적으로 게임을 시작하게 되었다.

　학창시절에는 학업과 병행하기 때문에 스트레스를 푸는 용도로 하루에 2시간 정도 플레이를 했다. 프로가 되고 나서는 직업의식을 갖고 하루에 8시간 정도 게임을 하고 있다.

　부모님 모두 교사이기 때문에(아버님 고등학교, 어머님 중학교) 집에서는 교육자의 길을 원하셨지만 내가 무언가 잘할 수 있는 것을 발견했고, 그 성과와 결과로 부모님께 납득할 만한 답을 제시하며 게임과 관련된 진로를 선택하게 되었다. 새로운 시대, 남들에게 모범을 보일 수 있는 일을 하고 있는 만큼 자부심을 느끼고 있다.

게임은 끊임없이 흥미를 돋우고 남들과 부담 없이 즐길 수 있다는 게 가장 큰 장점이라 생각한다. 스트레스를 푸는 것도 게임을 하는 큰 이유라 생각한다.

　요즘 게임을 즐기는 청소년들이 프로 게이머라는 직업을 선호하는 것을 잘 알고 있다. 그러나 프로 게이머는 프로가 되기 위해 '공부'가 필요하고, 어중간한 각오가 아닌 인생을 건 노력을 통해 쟁취할 수 있는 극한 직업 중 하나라 생각한다.

　지금 나는 하스스톤이라는 게임의 프로 게이머로 활동하고 있으며, 궁극적으로 정상의 위치에서 오랫동안 프로 게이머로 활동하고 싶다.

　지금의 나에게 게임은 직업을 안겨다 준 고마운 존재이며, 또 앞으로도 상상 그 이상으로 커지게 될 유망한 시장이라 생각한다. 미래의 후배들, 아이들은 이러한 좋은 환경에서 가족과 함께 건전한 문화로 자리 잡은 게임을 향유할 수 있으리라 생각한다.

　게임이란 절대 여러분들에게 스트레스를 주려고 만든 것이 아니다. 게임으로 인해 학업과 사회생활에 지장이 없도록 스스로 조절하는 게 필요하다.

긍정적이고 건전한
게임 문화 만들기

03

PART

[학교 PC방 교실 사용 매뉴얼]

긍정적이고 건전한 게임문화 만들기

학교 PC방 교실  사용법

"우리 애가 게임 중독이 아닌지 걱정이 돼요."

중학교 3학년인 아이가 학교를 안 가고 밤새 게임을 한다고 한다. 다행히 그동안은 학교를 다녔는데, 3학년에 올라간 후로는 학교도 안 가려고 하니 너무 걱정이 된다고 한다. 이렇게 게임 과몰입으로 고민하는 부모님께 상담 전화를 자주 받는다. 수화기 너머의 목소리에서 다급함과 애절함이 느껴진다. 어디 지푸라기라도 잡고 싶은 마음을 읽는다. 그렇다고 내가 할 수 있는 것도 없는데, 좀 미안한 마음까지 들곤 한다.

마냥 손 놓고 있을 수만은 없어서 아이들 상담을 시작했다. 남학생들 대부분은 게임에 한 번쯤 빠졌던 경험이 있다. 지금까지 게임을 계속하며 게임 안에서 목표를 찾는 아이들은 그나마 나은 편이다. 중간에 게임마저 놓은 아이들은 할 것이 없어 힘들어 한다. 학교에선 공부도 재미없고, 집에 가면 특별히 할 것이 없어 눈치만 보인다고 한다. 그래서 그 아이들이 막바지로 갈 곳을 찾아 선택한 곳이 PC방이다.

상담을 진행하다보니 고등학교보다 중학교 때 약간의 방향만 잡아주면 좋을 것 같다는 생각이 들었다. 그래서 게임 전문가와 방법을 의논해 보았다. 가장 중요하게 생각한 것은 게임이다. 우리학교에 PC방 교실이 있으니 그곳에 아이들을 모아 함께 게임을 하며 게임에 대한 이해를 돕기로 했다. 전문가로부터 궁금한 것도 물어볼 수 있는 공식적인 자리, 즉 학교에서 선생님들의 지도 하에 게임을 해보는 것이다.

그렇게, 일단 저질러보았다.

상담 전문 선생님 한 분과 게임채널의 해설가로 유명한 선생님, 그리고 현 프로 게이머로 구성된 팀이 만들어지고 교육 커리큘럼도 마련되었다. 마침 마포구청에 제안한 교육경비보조금 예산도 받을 수 있었다. 순조로운 출발에 의기양양하던 때, 예상 밖의 난관에 부딪쳤다. 아이들이 모이지 않는 것이다. 각 학교로 공문을 보냈으나 한 명도 신청하는 학생이 없었다. 학교 측에서는 공문을 보았지만 일단 부정적인 생각을 지울 수 없고, 때문에 아이들에게까지 내용이 전달되지 않는 것 같았다. 그래서 일일이 학교로 전화해 학교 상담 선생님들에게 프로그램의 취지를 설명했다. 그러기를 며칠, 그제야 하나 둘 아이들이 모이기 시작했다.

결석하지 않고 참석하는 것을 기준으로, 면접을 통해 한 집단에 5명씩 총 16명을 선발했다. 중간에 못하겠다는 아이들도 있었지만, 하고 싶은 아이들은 끝까지 마무리할 수 있도록 이끌어주고 싶었다.

매주 토요일 오전 세 시간, 게임 과몰입으로 고민하는 중학생 16명과 총 9회로 이루어진 재능개발 프로그램이 시작되었다.

게임 과몰입 치유 및 재능 개발 프로그램 운영 안내

학부모님 댁내에 항상 건강과 행복이 가득하시길 빕니다.

본교에서는 마포구청 교육청소년과-2779(2016.02.29.)호와 관련하여 마포구청 교육경비보조금 지원 사업으로 「게임 과몰입 치유 및 재능개발 프로그램」을 운영하고자 9월 24일(토)에 마포구 관내 학생을 대상으로 프로그램 참가자 선발전을 실시하였습니다. 이에 귀 자녀가 프로그램 참가자로 선정되어 프로그램에 참여하고자 하오니 학부모님께서는 절취선 아래 양식을 작성하셔서 10월 1일(토)까지 학생 편에 제출해 주시면 감사하겠습니다.

1. 프로그램명 : 게임 과몰입 치유 및 재능개발 프로그램
2. 운영시기 : 2016년 9월~11월(토요일, 09:00~12:00, 9회)
3. 장소: 아현산업정보학교 게임제작과
4. 대상 : 게임에 소질이 있거나 게임 중독이 의심되는 마포구 관내 중, 고등학생
5. 참가비 : 무료
6. 내용
    1) 게임 재능 개발
    - 재능이 뛰어나고 이 분야에 대한 전문적인 자기계발에 의지가 있는 학생 발굴
    - 게임 관련 전문가가 되기 위한 커리큘럼 제공
    - 현직 전문가(**프로게임단 감독 및 선수 등**)들의 수업 및 멘토링)
    2) 게임 과몰입 치료 상담 프로그램
    - 게임중독의 심각성을 이해하고 게임중독을 진단하여 게임 과몰입 해소 방향 제시
    - 게임이용 조절력을 기르고, 긍정적 사고와 자존감 향상을 위한 집단 상담활동
    - 관심분야 진로를 탐색하고 직업체험 활동을 통한 직업 멘토링 실시

2016년 9월 24일

아 현 산 업 정 보 학 교 장

------------------------------- 절 취 선 -----------------------------

(   )학교 (   )학년 (   )반 (   )번 이름 (   )

위 학생이 마포구와 아현산업정보학교와 시행하는 게임(Lol) 과몰입 치유 및 재능개 프로그램에 참여하는 것을 동의합니다.

2016년 9월   일

학부모 성명 : _____ ㊞

아 현 산 업 정 보 학 교 장 귀하

〈게임 과몰입 치유 및 재능 개발 프로그램 운영 안내〉 학부모 동의서

K-척도

청소년 인터넷중독 자가진단 척도

_____ 년 _____ 월 _____ 일 _____ 학교 _____ 학년 (남 , 여) 성명 _____

번호	항목	전혀 그렇지 않다	그렇지 않다	그렇다	매우 그렇다
1	인터넷 사용으로 건강이 이전보다 나빠진 것 같다.				
2	오프라인에서보다 온라인에서 나를 인정해 주는 사람이 더 많다.				
3	인터넷을 하지 못하면 생활이 지루하고 재미가 없다.				
4	인터넷을 하다가 그만 두면 또 하고 싶다.				
5	인터넷을 너무 사용해서 머리가 아프다.				
6	실제에서 보다 인터넷에서 만난 사람들을 더 잘 이해하게 된다.				
7	인터넷을 하지 못하면 안절부절못하고 초조해 진다.				
8	인터넷 사용 시간을 줄이려고 해보았지만 실패한다.				
9	인터넷을 하다가 계획한 일들을 제대로 못한 적이 있다.				
10	인터넷을 하지 못해도 불안하지 않다.				
11	인터넷 사용을 줄여야 한다는 생각이 끊임없이 들곤 한다.				
12	인터넷 사용시간을 속이려고 한 적이 있다.				
13	인터넷을 하고 있지 않을 때는 인터넷이 생각나지 않는다.				
14	주위 사람들이 내가 인터넷을 너무 많이 한다고 지적한다.				
15	인터넷 때문에 돈을 더 많이 쓰게 된다.				

한국정보화진흥원   인터넷중독대응센터(iapc.or.kr) 상담대표전화 1599-0075

청소년 인터넷중독 자가진단 척도

채점 방법	[1단계] 문항별	전혀 그렇지 않다 : 1점, 그렇지 않다 : 2점, 그렇다 : 3점, 매우 그렇다 : 4점 ※ 단, 문항 10번, 13번은 다음과 같이 역채점 실시 〈전혀 그렇지 않다 : 4점, 그렇지 않다 : 3점, 그렇다 : 2점, 매우 그렇다 : 1점〉
	[2단계] 총점 및 요인별	총 점 ▶ ① 1~15번 합계 요 인 별 ▶ ② 1요인(1,5,9,12,15번) 합계 ③ 3요인(3,7,10,13번) 합계 ④ 4요인(4,8,11,14번) 합계
고위험 사용자군	중고교생	총 점 ▶ ① 44점 이상 요인별 ▶ ② 1요인 15점 이상 ③ 3요인 13점 이상 ④ 4요인 14점 이상
	초등학생	총 점 ▶ ① 42점 이상 요인별 ▶ ② 1요인 14점 이상 ③ 3요인 13점 이상 ④ 4요인 13점 이상
	판정 : ①에 해당하거나, ②~④ 모두 해당되는 경우	
	인터넷 사용으로 인하여 일상생활에서 심각한 장애를 보이면서 내성 및 금단 현상이 나타난다. 대인관계는 사이버 공간에서 대부분 이루어지며, off라인에서 만남보다는 on라인에서 만남을 더 편하게 여긴다. 인터넷 접속시간은 중·고생의 경우 1일 약 4시간 이상, 초등생 약 3시간 이상이며, 중·고생은 수면시간도 5시간 내외로 줄어든다. 대개 자신이 인터넷 중독이라고 느끼며, 학업에 곤란을 겪는다. 또한 심리적으로 불안정감 및 우울한 기분을 느끼는 경우가 흔하며, 성격적으로 충동성, 공격성도 높은 편이다. 현실세계에서 대인관계에 문제를 겪거나, 외로움을 느끼는 경우도 많다. ▷ 인터넷중독 성향이 매우 높으므로 관련 기관의 전문적인 지원과 도움이 요청된다.	
잠재적 위험 사용자군	중고교생	총 점 ▶ ① 41점 이상~43점 이하 요인별 ▶ ② 1요인 14점 이상 ③ 3요인 12점 이상 ④ 4요인 12점 이상
	초등학생	총 점 ▶ ① 39점 이상~41점 이하 요인별 ▶ ② 1요인 13점 이상 ③ 3요인 12점 이상 ④ 4요인 12점 이상
	판정 : ①~④ 중 한 가지라도 해당되는 경우	
	고위험 사용자에 비해 보다 경미한 수준이지만, 일상생활에서 장애를 보이며, 인터넷 사용시간이 늘어나고 집착을 하게 된다. 학업에 어려움이 나타날 수 있으며, 심리적 불안정감을 보이지만 절반 정도의 학생은 자신이 아무 문제가 없다고 느낀다. 대체로 중·고생이 1일 약 3시간 정도, 초등생은 2시간 정도의 접속시간을 보이며, 다분히 계획적이지 못하고 자기조절에 어려움을 보이며, 자신감도 낮은 경향이 있다. ▷ 인터넷 과다사용의 위험을 깨닫고 스스로 조절하고 계획적으로 사용하도록 노력한다.인터넷 중독에 대한 주의가 요망되며, 학교 및 관련 기관에서 제공하는 건전한 인터넷 활용 지침을 따른다.	
일반 사용자군	중고교생	총 점 ▶ ① 40점 이하 요인별 ▶ ② 1요인 13점 이하 ③ 3요인 11점 이하 ④ 4요인 11점 이하
	초등학생	총 점 ▶ ① 38점 이하 요인별 ▶ ② 1요인 12점 이하 ③ 3요인 11점 이하 ④ 4요인 11점 이하
	판정 : ①~④ 모두 해당되는 경우	
	중·고생의 경우 1일 약 2시간, 초등생 약 1시간 정도의 접속시간을 보이며, 대부분 인터넷중독 문제가 없다고 느낀다. 심리적 정서문제나 성격적 특성에서도 특이한 문제를 보이지 않으며, 자기행동을 잘 관리한다고 생각한다. 주변 사람들과의 대인관계에서도 충분한 지원을 얻을 수 있다고 느끼며, 심각한 외로움이나 곤란함을 느끼지 않는다. ▷ 인터넷의 건전한 활용에 대하여 자기 점검을 지속적으로 수행한다.	

한국정보화진흥원 인터넷중독대응센터(iapc.or.kr) 상담대표전화 :1599-0075

〈K-척도(인터넷중독 진단 척도)〉 청소년 자가진단 설문지와 해설지
_한국정보화진흥원 홈페이지(www.iapc.or.kr)에서 누구나 다운로드 가능

청소년 인터넷중독 자가진단 척도

2016년 06월 20일 9현중 학교 / 학년 (남), 여) 성명 김

번호	항목	전혀 그렇지 않다	그렇지 않다	그렇다	매우 그렇다
1	인터넷 사용으로 건강이 이전보다 나빠진 것 같다.		○		
2	오프라인에서보다 온라인에서 나를 인정해 주는 사람이 더 많다.		○		
3	인터넷을 하지 못하면 생활이 지루하고 재미가 없다.			○	
4	인터넷을 하다가 그만 두면 또 하고 싶다.			○	
5	인터넷을 너무 사용해서 머리가 아프다.				○
6	실제에서 보다 인터넷에서 만난 사람들을 더 잘 이해하게 된다.		○		
7	인터넷을 하지 못하면 안절부절못하고 초조해 진다.		○		
8	인터넷 사용 시간을 줄이려고 해보았지만 실패한다.				○
9	인터넷을 하다가 계획한 일들을 제대로 못한 적이 있다.			○	
10	인터넷을 하지 못해도 불안하지 않다.		○		
11	인터넷 사용을 줄여야 한다는 생각이 끊이없이				
12	인터				
13	인터넷				
14	주위				
15	인터넷				

한국경

청소년 대상(청소년 자가진단 15문항) 결과(프린트)

◉ 청소년 인터넷중독 자가진단 척도 해석

하위요인명	전혀 그렇지 않다 (0~25%)	그렇지 않다 (26~50%)	그렇다 (51~75%)	항상 그렇다 (76~100%)
1. 1요인				80%
2. 3요인			68%	
3. 4요인			87%	
				총점 : 45점 /60점

유형	고위험 사용자군
특성	인터넷 사용으로 인하여 일상생활에서 심각한 장애를 보이면서 내성 및 금단 현상이 나타난다. 대인관계는 사이버 공간에서 대부분 이루어지며, off라인에서 만남보다는 on라인에서 만남을 더 편하게 여긴다. 인터넷 접속시간은 중.고생의 경우 1일 약 5시간 이상, 초등생 약 2시간 이상이며, 중.고생은 수면시간도 6시간 내외로 줄어든다. 대게 자신이 인터넷 중독이라고 느끼며, 학업에 곤란을 겪는다. 또한 심리적으로 불안감 및 우울한 기분을 느끼는 경우가 흔하여, 성격적으로 충동성, 공격성도 높은 편이다. 현실세계에서 대인관계에 문제를 겪거나, 외로움을 느끼는 경우도 있다.
비고	인터넷중독 성향이 매우 높으므로 관련 기관의 전문적인 지원과 도움이 요청된다

인터넷중독 자가진단과 결과지

첫 수업시간, 우리는 아이들의 게임 과몰입 정도가 궁금해 설문을 실시했다. 사전·사후 검사를 통해 얼마만큼의 성과를 보이는지 공신력을 가졌으면 하는 마음에서였다. 단순히 좋았다는 말을 듣는 것보다 설득력을 가질 것이라 생각했다.

한국정보화진흥원에서 만들어진 〈청소년 인터넷중독 자가진단 척도〉 설문지를 사용했는데, 1회 수업 때 진행한 검사에서는 16명 중 13명이 '고위험 사용자군'과 '잠재적 위험 사용자군'으로 나왔다. '고위험 사용자군'과 '잠재적 위험 사용자군'은 일상생활에서 장애를 보이며 심리적 불안감을 느끼고 매일 3시간 이상 게임에 접속하는 경향이 있는 상태를 말한다.

수업 내용 중 가장 중점을 둔 부분은 게임 수업이다. 3회차까지는 1, 2교시에 게임만 진행했다. 게임 방송에서 자주 볼 수 있는 게임해설가와 프로 게이머 선생님의 지도로 게임을 실시했다. 그 중 2회차 때는 일본 프로 게임단 감독님의 지도를 받았고 5회차에는 현재 미국에서 활동 중인 프로 게이머 후니 선수와 함께 게임하고 이야기를 나누었다. 이 수업은 아이들이 특히 열광했던 멋진 시간이었다.

아이들의 호기심과 수업에 대한 관심도가 증가되면서 4회차부터는 1교시에 게임에 자주 등장하는 영어 중 중학교 수준의 단어 10개를 골라 읽어보는 시간을 병행했다. 문장으로도 만들어 같이 읽었다.

damage(손해배상)
His attack made a slight damage to them.(그의 공격으로 인해 그들은 약간의 손상을 입었다.)
nickname(별명), defense(방어)……

Let's LOL, Let's LEARN ! (1)

supporter	n. 후원자, 지지자, 옹호자, 편드는사람	"Sona" is a good supporter. 소나는좋은"싸...	He is not an Obama supporter anymore.
dive	n. 다이빙; 뛰어들기 v. 다이빙하다; 뛰어들다	(n.) You made a... 아주멋진다...	
damage	n. 손해, 손상 v. 손해를입히다, 해치다	(n.) His attack ... damage... 그의공격으로인... 손상...	
object	n. 물건, 물체; 목적, 목표 v. 반대하다; 항의하다	(n.) Once yo... accompli... 일단 시... 목적을...	
nickname	n. 별명, 애칭	Stop cal... silly 그바보... 나...	
defense	n. 방어, 옹호, 수비	He also ma... in 그는그게...	
strike	v. 치다, 공격하다; (생각등이) 갑자기떠오르다	O... th... 우리팀은...	
distance	n. 거리 v. 관여하지않다, 거리를유지하다	(n.) T... striking 그고양이... 할수...	
faint	a. 희미한, 약한; 어지러운 n. 기절, 실신 v. 기절하다, 실신하다	ne... 미...	

Let's LOL, Let's LEARN ! (2)

analysis	n. 분석; 분해	I don't agree with your analysis. 나는당신의분석에동의하지않아.	The critic submitted an analysis of the poem. 비평가는그시의분석(해석)을 제출했다.
guide	n. 안내서; 안내인; 지침 v. 안내하다, 인도하다, 설명하다	(n.) Guide dogs live with blind people. 안내견들은맹인들과함께산다.	(v.) She guided the boys in their studies. 그녀는소년들의공부를지도하였다.
rank	n. 지위, 계급, 등급 v. 매기다. 평가하다	(n.) He spend his whole life in pursuit of rank and power. 그는지위와권력을추구하는데일 생을보냈다.	(v.) We rank his abilities very high. 우리는그의재능을높이평가한다.
season	n. 계절; 철 v. (양념을)넣다, (간을)하다	(n.) The first game of the season is just a week away. 시즌첫경기가일주일밖에 남지않았다.	(v.) It is not seasoned yet. 아직양념이안되었어.
bug	n. 벌레, 작은곤충; (열광적인)취미; 오류 v. 도청하다; 괴롭히다	(n.) He is a baseball bug. 그는야구광이다.	(v.) I don't want to bug you. 난닐귀찮게하고싶지않다.
standard	n. 수준; 기준; 표준단위 a. 일반적인; 표준의	(n.) Don't measure others by your own standard. 당신의기준으로남을 평가하지마세요.	(a.) That is a standard question. 그것은일반적인질문이다.
item	n. 항목; 물품; 특징	He forgot where he purchased that item. 그는어디에서그물품을샀는지 잊어버렸다.	There is an interesting item about cat's behavior. 고양이의행동에는흥미로운 특징이있다.
position	n. 위치; 자리, 자세; 입장, 태도 v. 배치하다; 자리잡다	(n.) He hardly achieved his position. 그는힙겹게지금의위치에올랐다.	(v.) He positioned a lamp on the table. 그는스탠드를탁자위에두었다.
character	n. 성격, 기질; 특징; 개성; 등장인물; 글자, 부호	They understood the difference of their character. 그들은서로의다른성격을 이해하였다.	It looks like a Chinese character. 이것은한자처럼보인다.

1교시 영어 수업 교본_중학교 수준의, 게임에 자주 나오는 단어들이다.

처음에는 영어 공부를 한다고 외면하던 아이들이 익숙한 단어가 나오니 허리를 쭉 펴고 집중하며 나눠준 유인물을 보며 따라 읽기 시작했다. 짧은 시간이었지만 수업 후 아이들의 반응은 긍정적이었다.

FUN! FUN! 한줄 글쓰기

- 프로그램 중에 영어 단어를 알게 되어 유익했다.
- 게임만 하지 않고 다른 수업도 해서 너무 좋다.
- 게임으로 영어를 배워서 너무 좋다.
- 주말마다 영어 공부를 해서 좋았다.
- 평소에 게임에서 쓰던 영어는 그냥 스쳐지나가던 말이었는데 뜻을 알게 되어 좋다.

영어 수업이 끝나고 간단하게 게임 속 인문학과 관련된 이야기 수업도 병행했다. 게임 스토리에 이집트가 등장한다면 이집트란 어떤 나라인지, 파라오와 피라미드 등 그 배경이 되는 역사와 문화, 신화를 소개해주었다. 또 게임 캐릭터의 신분인 백작, 공작, 자작 등의 뜻과 유래를 설명하고 그와 유사한 조선시대 신분제도도 함께 알아보는 시간을 가졌다.

2교시에는 집중적으로 각자 수준에 맞추어 게임을 진행했다. 지금까지는 단순히 시간 때우기로 게임을 했던 아이들이 프로 게이머의 동영상을 보면서 설명을 듣고 전략을 세우고 집중을 하며 게임을 하니 더욱 진지한 모습을 보여주었다. 그리고 수업이 끝나기 20분 전에는 게임 글쓰기를 실시했다. 게임하면서 사용했던 전략이나 오늘 수업에 대한 느낌 등이다.

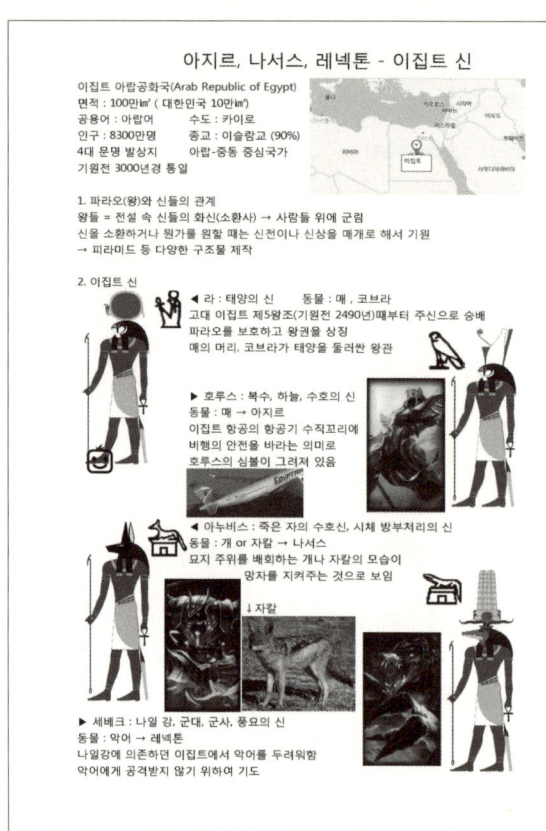

아지르, 나서스, 레넥톤 - 이집트 신

이집트 아랍공화국(Arab Republic of Egypt)
면적 : 100만㎢ (대한민국 10만㎢)
공용어 : 아랍어   수도 : 카이로
인구 : 8300만명   종교 : 이슬람교 (90%)
4대 문명 발상지   아랍-중동 중심국가
기원전 3000년경 통일

1. 파라오(왕)와 신들의 관계
왕들 = 전설 속 신들의 화신(소환사) → 사람들 위에 군림
신을 소환하거나 뭔가를 원할 때는 신전이나 신상을 매개로 해서 기원
→ 피라미드 등 다양한 구조물 제작

2. 이집트 신

▶ 라 : 태양의 신   동물 : 매 , 코브라
고대 이집트 제5왕조(기원전 2490년)때부터 주신으로 숭배
파라오를 보호하고 왕권을 상징
매의 머리, 코브라가 태양을 둘러싼 왕관

▶ 호루스 : 복수, 하늘, 수호의 신
동물 : 매 → 아지르
이집트 항공의 항공기 수직꼬리에
비행의 안전을 바라는 의미로
호루스의 심볼이 그려져 있음

◀ 아누비스 : 죽은 자의 수호신, 시체 방부처리의 신
동물 : 개 or 자칼 → 나서스
묘지 주위를 배회하는 개나 자칼의 모습이
망자를 지켜주는 것으로 보임

↓ 자칼

▶ 세베크 : 나일 강, 군대, 군사, 풍요의 신
동물 : 악어 → 레넥톤
나일강에 의존하던 이집트에서 악어를 두려워함
악어에게 공격받지 않기 위하여 기도

왕족과 귀족의 등급

| 황제 & 여제 |
| 황후 |
| 황자 & 황녀 |
| 국왕 & 여왕 |
| 왕비 |
| 왕자 & 왕녀 |
| 친왕 & 군왕 |
| 대공(Archduke) & 대공비 |
| 대공(Grand Duke) & 여대공 |
| 공작 & 여공작 |
| 공비 |
| 공자 & 공녀 |
| 인판테 & 인판타 |
| 후작 & 후작부인 |
| 변경백 & 변경백부인 |
| 백작 & 백작부인 |
| 자작 & 자작부인 |
| 남작 & 남작부인 |
| 준남작 & 준남작부인 |
| 기사 & 여기사 |

1교시 인문학 수업 교본
_게임의 배경이 되는 문화, 역사와 관련된 이야기가 모든 주제가 된다.

 **글쓰기(2회차)**

Q. 오늘 플레이한 캐릭터에 대해 느낀 점을 글로 자유롭게 표현해 보세요.

프로 게이머를 실제로 만나니 뭔가 신기했고 프로 게이머란 직업이 어떤지

제대로 알 수 있던 기회라서 좋았다. 그리고 오늘 질문을 하는 시간에 딱히

생각이 안 나서 물어보지 않았는데 다음 시간에도 다른 분들이 오시면 생각을 잘 해서 물어봐야겠다.

그리고 오늘 한 캐릭터에 대한 느낀 점은 팀이 잘 해줘서 이긴 것 같다. 형들이랑 해서 긴장을 좀 했는데 다음에 또 기회가 된다면 긴장을 좀 풀고 해야겠다.   정○○

 **글쓰기(3회차)**

Q. 오늘 플레이한 캐릭터와 팀플레이 중 아쉬웠던 점에 대해 느낀 점을 글로 자유롭게 표현해 보세요.

오늘은 손목이 아파서 잘 하진 못했지만 매우 재미있었다. 플레이 중엔 내가 중간 중간에 물려서 게임 흐름이 상대편으로 넘어갈 것 같았는데 한타를 하는 도중 팀플레이가 잘 맞아서 기분이 좋았고, 아쉬웠던 것은 즐겁게 게임을 하는데 티격태격 싸워서 즐겁지는 않았다. 내가 플레이한 챔피언은 이즈리얼인데 초반에는 우리팀이 우세했지만 게임이 흘러갈수록 상대팀이 유리해졌다. 하지만 한타는 잘 되어서 기분이 좋았고 팀끼리 호흡이 잘 맞았다.   _한○○

3교시는 놀이 상담을 진행했다. '게임하는 아이들은 몸을 움직이는 것을 싫어한다'는 생각에 정반대로 움직이며 하는 상담인 모험놀이를 적용한 것이다.

수업이 막바지에 이를 때쯤, 아이들은 나누어준 종이를 꽉 채우고 생

동감 있는 소감문을 쓰기 시작했다. 소감문에는 정말 의외의 답변들이
있었다.

요즘 아이들은 움직이는 것을 싫어하는 경향이 있다. 강의하는 분들
이 가장 힘들어 하는 집단이 바로 중학생들이다. 5분을 집중하게 하기
가 힘들다고 한다. 조금만 억지로 한다는 생각이 들면 몸을 움직여 옆
사람과 이야기하고, 핸드폰을 만지고 하고 싶은 대로 한다. 그래서 고
민을 많이 했다. 놀이 중에 어떤 것을 하면 아이들이 재미있어할까. '짧
게 한다!', '앉아서 하는 놀이로 시작한다!', '노래로 연다!'라고 원칙을
정했다.

기타를 가지고 가서 금연송 〈노타바코〉를 불렀다. 선생님 음반에 나
온 노래라고 하면서 불렀다. 아이들이 관심있어했다. 그런 다음 아이들
에게 100원짜리 동전이 있는지 물어 보았다. 이 놀이는 '전기가 통해요'
라는 놀이이다. 시민이가 호주머니에서 동전을 준다. 아이들은 미리 준
비된 책상과 의자에 서로 바라보는 형태로 두 편으로 나뉘어 앉게 했
다. 앉은 상태에서 옆 사람 손을 잡으라고 했다. 그리고 맨 마지막 사
람이 있는 곳에 돼지 인형을 마주보게 놓았다.

동전을 맨 앞 사람에게만 보여 주고 동전의 앞면이 나오면 전기를 보
내고 뒷면이 나오면 전기를 보내면 안 된다고 설명을 해준다. 그 이유
는 아이들 승부욕이 작용해 마음대로 전기를 보내는 것을 방지하기 위
해서다. 그리고 "준비!" 하면 모든 사람이 눈을 감고 맨 앞에 있는 사람
만 눈을 뜨고 '준비'한다. 그리고 동전을 던진 다음 손을 펴서 맨 앞에
있는 두 사람 사이에서 동전을 보여 준다. 동전을 보는 순간 옆 사람에
게 전기를 보내 주면 되는 것이다.

진 팀은 맨 뒤에 있는 사람이 일어나 맨 앞으로 와서 리더가 된다. 그렇게 반복을 한다. 준비하면 아이들은 모두 옆에 있는 사람이 전기를 보내는 것만 기다리게 된다. 눈을 감고 그렇게 몇 번을 하게 되면 아이들이 정말 빠른 속도로 옆 사람 손을 눌러 전기를 보낸다. 자기 팀이 이기면 함성을 지른다. 모두가 하나가 된다. 처음에 어색해 손을 잡지 않으려고 했던 아이들이 언제 그랬냐는 듯이 자연스럽다. 집중력이 대단하다. 재밌는 모양인지 그만하자고 하면 더 하자고 함성을 치며 얼굴이 환해진다. 옆에 있는 선생님이 아이들이 게임할 때보다 더 얼굴이 밝다는 이야기를 자주 한다.

놀이는 아이들의 관계를 어색하지 않게 풀어주는 데 탁월한 효과가 있다. 특히 게임하는 친구들은 사이버 상에서 놀기 때문에 더욱더 놀이 상담을 해야 한다는 생각을 했다. 아이들이 좋아할까 걱정을 했는데 반응이 좋아서 진행하는 사람으로서 기분이 좋았다. 욕심을 내지 않고 하는 것이 관건이다. 놀이를 끝내고 난 후 소감도 한 글자로 말하기, 세 글자로 말하기 정도만 했다. 그렇게 놀다 보면 어느새 한 시간이 지나간다. 이렇게 의식하지 않고 다른 생각 없이 아이들을 놀게 해 주다

보면 게임 말고 다른 것도 재미있다는 것을 몸으로 체험하게 된다. 그리고 사이버 상에서의 친구보다 옆에 있는 친구의 소중함도 알게 된다. 매시간 두세 개의 놀이를 준비한다. '전기가 통해요'와 짝궁놀이는 '동전 업다운 놀이'이다. '발목을 붙여라 놀이'는 '재미 있는 만남'과 함께 하면 효과가 좋다.

 글쓰기(8회차) ☺

Q. 2교시 게임할 때와 3교시 놀이 상담을 할 때 어떤 느낌이 드는지 적어 보세요.

5대 5로 팀을 짜서 하는 것보다 5명이 모르는 사람과 하는 것도 재밌는 것 같다. 그리고 영어 단어를 알게 되어서 유익했고 어떤 외국인이 왔는데 누군지 몰라서 좀 신기했다. 그리고 1교시에 이집트 신들에 대해서 알아봤는데 새로 알게 된 점이 있어서 좋았다.   _한○○

평소에 게임할 때는 이기자였었는데 여기서 할 때는 즐기자로 바뀐 것 같다.

3교시에는 놀 때 개인주의인 내가 다 같이 놀고 즐기고 하는 것이 더 보람차구나 하는 것을 느낀 좋은 체험인 것 같다.   _정○○

• 나의 비전, 꿈, 장래희망에 대해 자유롭게 이야기해 봅시다. 프로그램을 마치면서 변화된 점 그리고 새롭게 느끼게 된 점을 이야기 해 봅시다.

이 프로그램을 하면서 느낀 점은 짜증날 때도
재미 있었다. 먼저 나의 꿈은 태권도 선수인
데 해야겠다. 이 프로램이 끝나서 토요일
나 스스로 서면 조절을 하면서 주말에
시간들 것에서 공부해서 성적 도 올리고
조절 해야겠다. 어쨌든 이건 아쉽지만 배우고
항상 도전하고 포기 않을 것이다. 포
대해서 게비 있었습니다.

• 나의 비전, 꿈, 장래희망에 대해 자유롭게 이야기해 봅시다. 프로그램을 마치면서 변화된 점 그리고 새롭게 느끼게 된 점을 이야기 해 봅시다.

나는 나중에 행복한 삶을 살고 싶다 내가 하고 싶은 거 다 하고 무엇이든지 최선을 다하는 삶을 살고 싶다. 내가 하고 싶은 것 중에 하나가 게임이다 게임을 하며 사는 인생은 재미있다 하지만 요즘은 게임을 별로 하지 않는다. 토요일에는 게임을 했지만 이제 프로그램이 끝나서 다른 재밌는 것을 할 것이다. 토요일에 그림을 그리거나 친구와 자전거를 탈 것이다 아니면 주말에 친구끼리 오버워치를 배우는 것도 나쁘지 않을 것 같다. 이 프로그램을 하면서 LOL 통티들도 배우고 유익했던 것 같다. 이제 LOL을 접고 오버워치로 갈아탈 것이다.

수업을 마치고 아이들이 쓴 소감문

글쓰기(9회차)

Q. 나의 비전, 꿈, 장래희망에 대해 자유롭게 이야기해 봅시다. 프로그램을 마치면서 변화된 점 그리고 새롭게 느끼게 된 점을 이야기해 보세요.

나는 건축가나 요리사 같은 걸 하고 싶다. 내가 흥미있고 재미있어 하는 걸 하고 싶다. 이 프로그램을 하면서 게임으로도 공부를 할 수 있으며 재미있고 색다른 수업이라 흥미로웠다. 다음에 다시 한다면 또 신청하고 싶다. 토요일에 집에서 게임만 하지 않고 나와서 다른 활동을 하니 좋았다.

_이○○

　나는 나중에 행복한 삶을 살고 싶다. 내가 하고 싶은 거 다 하고 무엇이든지 최선을 다 하는 삶을 살고 싶다. 내가 하고 싶은 것 중에 하나가 게임이다. 게임을 하며 사는 인생은 재미있다. 하지만 요즘은 게임을 별로 하지 않는다. 토요일에는 게임을 했지만 이제 프로그램이 끝나서 다른 재밌는 것을 할 것이다. 토요일에 그림을 그리거나 친구와 자전거를 탈 것이다.

김○○

　프로그램을 마치고 변화된 점으론 하루에 게임을 하는 시간이 현저히 줄어든 거 같고 프로 게이머 선수나 감독분들을 만나면서 프로 게이머라는 직업을 더 명확하게 알게 된 것 같다.
　그리고 이 프로그램이 끝나고 토요일마다 해야 할 일을 찾아봐야 할 것 같고 이 프로그램을 또 한다면 꼭 다시 신청하고 싶다. 그리고 내 장래희망은 프로 게이머에 관심이 있었는데 아직도 흥미가 있기에 프로 게이머를 해보고 싶다.

_정○○

　내 꿈은 이 프로그램과 연관을 짓는다 하면 '행복을 즐기다', '내 꿈을 이루고 살 것이다'이다. 이 프로그램을 통해 나는 게임 실력이 늘었고 친구들과 더 친해졌다. 그리고 교장선생님께 조언도 들으면서 내 자아에 대해 한 발짝 더 나갈 수 있었다. 이것을 통해 어머니에겐 혼났지만 내가 내 목표로의 만족감, 성취감을 이루었기 때문에 나는 만족한다. 어머니도 내가 이렇게 좋아한다는 걸 깨닫게 해드리고 싶다.

내 꿈에 대해 한 발짝 더 알 수 있게 되었고 거의 없었던 자신감이 조금은 충전되었으며, 친구들과 조화를 이루어 게임을 하니 우정도 돈독히 다지게 되는 계기가 된 것 같다. 앞으로 나는 성인이 되겠지만 성인이 되어서라도 이번 경험을 잊지 못할 것 같다.

이 프로그램에 참여하게 해주신 선생님께 감사드린다.　　　　　　_윤○○

게임하는 것이 재미있다. 하지만 요즘은 게임을 별로하지 않는다. 토요일에는 늘 게임을 했지만 이제 다른 재미있는 것을 찾아봐야 할 것 같다. 토요일에 그림을 그리거나 친구와 자전거를 탈 것이다. 주말에 컴퓨터 게임보다는 친구를 만나는 게 나쁘지 않을 것 같다. 이제 집에 가서 기타를 치거나 요리를 해 볼 것 같다.　　　　　　_성○○

1차 시의 글쓰기에 비해 뒤로 갈수록 아이들의 글줄이 길어진 것뿐만 아니라 자신의 내면을 바라보는 힘도 커졌다. 아이들의 소감문에는 지금까지의 게임에 대한 상식으로 이해하기 어려운 대답들이 많았다. 게임을 하는 시간이 줄어들고 게임을 많이 하지 않는다고 했다. 무엇보다 수업을 진행하며 큰 변화를 보였던 점은 아이들이 게임을 하면서 일상 용어처럼 사용하던 욕이 자연스럽게 사라졌다는 것이다.

어느새 아이들은 게임과 완전히 단절된 교육 프로그램을 지양하고 또래의 사회성에 맞는 교육 방법을 개발하여 긍정적이고 건전한 게임

문화를 만들고자 했던 본래의 취지에 자연스럽게 녹아들었다.

　실제로 마지막 9회차 수업에서 실시한 〈청소년 인터넷중독 자가진단 척도〉 사후 검사에서도 '고위험 사용자군'과 '잠재적 위험사용자군'에 있던 아이들 13명 중 8명이 '일반 사용자군'으로 변화하였다.

	이름	사전검사	사후검사	결과
1	김**	고위험 사용자군	고위험 사용자군	
2	정**	고위험 사용자군	일반 사용자군	↓↓
3	지 *	고위험 사용자군	고위험 사용자군	
4	조**	고위험 사용자군	잠재적 위험사용자군	↓↓
5	권**	잠재적 위험사용자군	일반 사용자군	↓
6	김**	잠재적 위험사용자군	일반 사용자군	↓
7	김**	잠재적 위험사용자군	잠재적 위험사용자군	
8	김**	잠재적 위험사용자군	일반 사용자군	↓
9	김**	잠재적 위험사용자군	잠재적 위험사용자군	
10	유**	잠재적 위험사용자군	일반 사용자군	↓
11	이**	잠재적 위험사용자군	일반 사용자군	↓
12	정**	잠재적 위험사용자군	일반 사용자군	↓
13	한**	잠재적 위험사용자군	일반 사용자군	↓
14	이**	일반 사용자군	일반 사용자군	
15	채**	일반 사용자군	일반 사용자군	
16	노**	일반 사용자군	일반 사용자군	

	사전(1회차)	사후(9회차)
고위험 사용자군	4명	2명
잠재적 위험사용자군	9명	2명
일반 사용자군	3명	12명

상향조정	명
고위험 → 일반	2
고위험 → 잠재적	0
잠재적 → 일반	7
일반 → 일반	3

　중독은 한번 중독이 되면 대상 자체가 중독성이 강해 중단하기 어렵다는 것이 지금까지의 주류 이론이었다. 심리적으로도 어린 시절의 결핍과 연결된 의존의 극단적인 모습으로 중독을 치유하는 일이 정말 어렵다고 말한다. 1950년대 만들어진 이 이론은 주로 술, 마약, 게임 등 중독성을 가진 대상을 말한다. 그런데 캐나다의 알렉산더 박사는 중독을 다른 시각으로 보고 연구를 시도했다. 중독 자체보다는 주변 환경을 보고 환경이 중독에 미치는 영향을 본 것이다. 예를 들어, 모르핀에 중독된 쥐를 통한 실험에서, 환경이 나쁜 철장에서 벗어나 깨끗하고 재미있는 공원처럼 만들어진 장소에 다양한 놀 거리가 있는 쥐들은 더는 마약을 먹지 않았다고 한다.

　게임은 많이 해도 제대로 하는 법을 배운 아이들은 별로 없을 것이다. 우리는 이 프로그램을 통해서 아이들이 게임을 체계적으로 배운다면 게임을 대하는 태도도 달라진다는 것을 깨달았다.

　프로 게이머 선생님과 게임에 나오는 익숙한 영어도 배우고, 매일 만나는 게임 캐릭터에 대한 이야기, 그리고 친구와 쉽게 친해지는 놀이를 했을 뿐인데, 마치 알렉산더의 비주류 이론을 증명이라도 하듯 그 동안 게임으로 채웠던 공간이 줄어들고 다른 흥미로운 것을 바라볼 수 있는 힘이 생긴 것이다.

게임 때문에 문제가 있다는 아이를 상담하다 보면 게임이 아이를 망친 게 아니라 성공과 실패의 기준이 성적과 입시뿐인 현실에서 아이의 탈출구가 게임뿐인 경우가 대부분이었다.

우리학교의 'PC방 교실'이 더 이상 특별한 대우를 받지 않기 바란다. 우리나라의 모든 학교가 이 비주류 이론처럼 아이들이 다양한 능력을 발휘할 수 있는 즐거운 놀이터가 되길 희망한다.

〈게임 과몰입 치유 및 재능개발 프로그램〉을 일반화하는 데는 분명 한계가 있을 것이다. 2016년 현재까지 3기를 운영하는 동안 느낌상으로도, 또 실제 사전·사후 검사에서도 긍정적인 결과가 나왔다. 이번 방학전 토요일, 그 동안 수료했던 아이들을 모아 올해 한 번 더 운영하면서 아이들이 어떻게 변화가 되었는지 만나볼 생각이다.

게임 과몰입 치유 및 재능개발 프로그램 첫 수업

⟨게임 과몰입 치유 및 재능개발 프로그램⟩ 커리큘럼

3기 프로그램은 ESC(이스포츠커넥티드) 송성창 대표, 이플렉스 게임 해설가 윤덕진(조이럭), 아현산업정보고등학교 주반석 상담선생님의 지도 하에 2016년 9월부터 11월까지 진행되었다.

구 성	활 동 제 목	내 용
1회차 마음열기	오프닝 Laughing Out Loud English	중학교 필수 단어를 LOL 용어들과 매칭하여 신나는 영어 문장 익히기
	1-1. 인형 저글링	신나는 분위기 속에서 자기소개 하기
	1-2. 변신 마법곰, 연어, 모기	여러 친구와 함께 행동하기
	1-3. 해본 적이 있나요?	격려 속에서 자신의 경험 공유하기
	1-4. 발목을 붙여라	서로 배려하기
	1-5. 게임 글쓰기	게임 과정(팀워크, 오늘의 베스트 플레이) 글쓰기 및 좋아하는 캐릭터를 글로 표현해 보기
2회차 그림자 걷어내기	오프닝 Laughing Out Loud English	중학교 필수 단어를 LOL 용어들과 매칭하여 신나는 영어 문장 익히기
	2-1. 재미있는 만남	적극적으로 어울릴 수 있는 기회 만들기
	2-2. 범피리 범피리 범범범	자신의 실수도 웃으며 받아들이기
	2-3. 영차! 함께 일어서기	배려 속에서 협동심 키우기
	2-4. 원과 원 사이	목표를 인식하고 노력하기
	2-5. 게임 글쓰기	게임 과정(팀워크, 오늘의 베스트 플레이) 글쓰기 및 좋아하는 캐릭터를 글로 표현해 보기
3회차 공감하기	오프닝 Laughing Out Loud English	중학교 필수 단어를 LOL 용어들과 매칭하여 신나는 영어 문장 익히기
	3-1. 이야기 실은 붕붕카	자신을 드러내고 다른 사람에게 귀 기울이기
	3-2. 장막을 걷고 까꿍!	실수와 웃음으로 마음의 벽 허물기
	3-3. VIP를 보호하라!	공동체의식 기르기
	3-4. 인간사슬 풀기	협동심과 창의력으로 문제 해결하기
	3-5. 게임 글쓰기	게임 과정(팀워크, 오늘의 베스트 플레이) 글쓰기 및 좋아하는 캐릭터를 글로 표현해 보기
4회차 이해하기	오프닝 Laughing Out Loud English	중학교 필수 단어를 LOL 용어들과 매칭하여 신나는 영어 문장 익히기
	4-1. 외다리 전투	간단한 활동으로 몸과 마음 풀기
	4-2. 전기가 찌르르	조용히 잡은 손으로 소통하기
	4-3. 손잡고 원을 만들어봐요	인내심 갖고 문제 해결하기
	4-4. 지뢰밭 통과하기	믿음으로 안정감 갖기
	4-5. 게임 글쓰기	게임 과정(팀워크, 오늘의 베스트 플레이) 글쓰기 및 좋아하는 캐릭터를 글로 표현해 보기

5회차 가능성 바라보기	오프닝 Laughing Out Loud English	중학교 필수 단어를 LOL 용어들과 매칭하여 신나는 영어 문장 익히기
	5-1. 협력 배구 문볼	하나가 되는 집단 몰입의 경험
	5-2. 셜록홈즈, 저격수를 찾아라	주위 사람 관찰하기
	5-3. 눈감고 그림 그리기	생각한 대로 가능성 그려보기
	5-4. 난쟁이가 쏘아올린 작은 공	자신의 꿈 드러내기
	5-5. 게임 글쓰기	게임 과정(팀워크, 오늘의 베스트 플레이) 글쓰기 및 좋아하는 캐릭터를 글로 표현해 보기
6회차 대화하기	오프닝 Laughing Out Loud English	중학교 필수 단어를 LOL 용어들과 매칭하여 신나는 영어 문장 익히기
	6-1. 공통점을 찾아라!	서로에 대해 관심을 갖고 대화하기
	6-2. 쉿! 비밀놀이	마음속에 품은 비밀을 가볍게 털어놓기
	6-3. 불멸의 신	자신을 마음껏 뽐내기
	6-4. 동전을 찾아라!	몰입의 즐거움 느끼기
	6-5. 게임 글쓰기	게임 과정(팀워크, 오늘의 베스트 플레이) 글쓰기 및 좋아하는 캐릭터를 글로 표현해 보기
7회차 내 안의 힘 발견하기	오프닝 Laughing Out Loud English	중학교 필수 단어를 LOL 용어들과 매칭하여 신나는 영어 문장 익히기
	7-1. 꿈꾸는 포스트잇	서로에게 다가가 마음 열기
	7-2. 사막 횡단하기	자신을 이해하고 새롭게 시작하기
	7-3. 숫자판을 눌러라!	공동의 목표에 함께 도전하기
	7-4. 닮고 싶은 사람	인물이 되려면 인물을 만나라!
	7-5. 게임 글쓰기	게임 과정(팀워크, 오늘의 베스트 플레이) 글쓰기 및 좋아하는 캐릭터를 글로 표현해 보기
8회차 야외수업	8-1. 야외수업	세계 최고의 리그 LOL 한국리그 LCK 참관
9회차 함께 꿈꾸기	오프닝 Laughing Out L1oud English	중학교 필수 단어를 LOL 용어들과 매칭하여 신나는 영어 문장 익히기
	9-1. 꼬리 잡기	부정적인 것은 자르고 새로 시작하기
	9-2. 희망의 외침	소망 외치고 자신감 갖기
	9-3. 열광의 풍선놀이	꿈을 잃지 않기
	9-4. 칭찬의 샤워길	서로의 꿈을 응원하기
	9-5. 게임 글쓰기	게임 과정(팀워크, 오늘의 베스트 플레이) 글쓰기 및 좋아하는 캐릭터를 글로 표현해 보기

게임 재능개발 프로그램 일정

구성	활 동 제 목	내 용
1회차	1-1. 건강한 게임 취미 생활	◆게임을 건강한 취미 생활로 가져야 하는 이유 이해하기
	1-2. LOL 5가지 포지션의 이해	◆탑, 정글, 미드, 원딜, 서폿의 역할 설명
2회차	2-1. 게임도 효율적으로	◆공부, 일 등에서의 효율의 중요성 설명 ◆게임에 시간을 효과적으로 사용하여 다른 활동에 시간을 더 할애할 수 있도록 함
	2-2. 게임과 관련된 직업 설명	◆게임 관련 직종 희망 학생들을 위한 진로 안내
3회차	3. 팀 워크의 중요성	◆5대 5 팀 워크에 대한 설명을 통하여 협동심 강조 ◆약자에 대한 배려 필요성
4회차	4. 자신의 생각을 말하기 연습	◆팀 게임에서 가장 중요한 의사소통의 첫 번째 요소 ◆자신의 생각을 적극적으로 말하면서 게임에 참여하도록 유도
5회차	5. 현역 프로 게이머 초청 강연	◆북미 이모탈 팀 Huni 허승훈 선수 ◆현역 프로 게이머와의 대화를 통하여 새로운 직업군에 대한 궁금증 해소 ◆프로 게이머와 참가 청소년들 간의 질의응답 및 멘토링
6회차	6. 전세계 E스포츠 리그로 알아보는 세계지도 탐구	◆한국, 중국, 유럽, 북미 지역 외에 전세계에 다양하게 퍼져 있는 E스포츠 리그
7회차	7. 게임 캐릭터와 다양한 역사 및 신화 이야기	◆게임 캐릭터와 관련된 역사 및 신화 탐구
8회차	8. 건강한 게임 취미 생활을 위한 일과표 만들기	◆프로그램을 통해 체득한 게임 조절 능력을 일상 생활에서도 실천하기 위한 나만의 일과표 만들기
9회차	9. 프로그램 참여자들간 대회 개최 및 최종 피드백	◆그 동안 배운 것에 대한 피드백을 통하여 건강한 게임 취미 생활의 뜻 되새김 ◆참여자들이 직접 프로그램을 통해 느낀 점들을 공유하는 시간

1교시 영어수업

1교시 인문학수업

2교시 게임수업

게임하는 아이, 게임을 통한 가능성 열기

'게임 좀 한다'하는 사람이라면 누구나 알 법한 e-스포츠 해설가 '조이력', 윤덕진 선생님. 〈게임 과몰입 치유 및 재능개발 프로그램〉의 1기 수업부터 동고동락하며 아이들을 가장 가까이에서 지켜본 선생님들 중 한 분이다. 첫 수업시간부터 웬만한 아이돌 못지않은 인기를 누리시는, 단연코 아이들의 가장 큰 환영을 받는 분이다. 윤 선생님께는 게임업계에 종사하는 전문가의 입장에서 답변을 부탁드렸다.

윤덕진

세계 e-스포츠 팀, 선수, 단체와 함께 e-스포츠와 관련된 다양한 분야의 일을 하고 있습니다. 팀 컨설팅, 선수 상담, 해외팀들의 전지훈련이나 이벤트 진행, 건전한 게임 생활 교육 등입니다.

토요일 오전 9시. 중학생 아이들의 발걸음이 학교로 향하기에는 참 어려운 시간이죠. 그렇지만 1기부터 3기까지 우리 학생들은 90%가 넘는 출석률을 자랑했습니다. 이렇듯 참여도가 높은 데에는 여러 이유가 있겠지만, 게임이야말로 아이들의 열정에 불을 지핀 계기일 것 같아요. 대체 게임에 열광하는 근본적인 원인은 뭘까요? 선생님이 생각하는 게임의 장·단점은 무엇인가요?

"게임을 제대로 해보지 않은 사람들은 종종 "게임을 왜 좋아하는 거죠?", "대체 게임의 매력이 뭔가요?"라고 신기해하며 묻곤 합니다.

접근성과 편리성은 게임의 가장 큰 장점이고 곧 단점이기도 합니다.

가장 쉽고 **빠르게** 즐길 수 있지만 자칫 어른들이 걱정하는 것처럼 또 다른 중요한 것들을 등한시할 가능성도 적지 않습니다. 때문에 게임을 좋아하는 아이들에게 얼마든지 마음껏 하되, 적어도 밤에 잠은 자면서 즐기라고 말해주곤 합니다.

최근에는 게임에 대한 인식도 축구, 야구와 같은 스포츠의 개념으로 변하고 있습니다. 먼저 여러 종류의 취미 중 하나로 받아들이는 것이 가장 중요할 것 같습니다. 부모님들 역시 어린 시절 좋아하던 취미 하나 정도는 갖고 계셨을 테니까요.

앞서 언급했듯이, 게임은 쉬운 접근성과 쉽게 소통할 수 있는 편리성에서 다른 취미에 비하여 큰 우위를 가지고 있고, 시각적인 면에서 컴퓨터 그래픽의 화려함이 보는 이의 시선을 사로잡는다는 것도 게임이 가진 매력 중 하나입니다. 그리고 무엇보다 성취감입니다. 이는 일반 스포츠와도 통하는 부분이지만, 시합 또는 임무를 완료하면서 얻는 성취감이 게임을 매력적이게 만드는 요소입니다."

선생님도 아시겠지만, 게임에 빠진 아이들을 무조건 '게임 중독', '인터넷 중독' 등으로 단정 짓고 우려의 시선을 던지는 어른들이 많습니다. 그래도 요즘은 게임을 무조건 나쁘게만 보는 선입견이 줄어들었다고 하지만, 아직까지 컴퓨터 앞에 앉아있는 아이를 바라보는 부모님의 시선이 따스하지만은 않은 것 같아요. 이와 같은 현상에 대해 어떻게 생각하시나요?

"밤늦도록, 심지어는 새벽 내내 게임만 하는 아이를 보며 중독이 아닌가 걱정하는 부모님이 많습니다. 그렇지만 저는 어딘가에 집중하여 즐길 수 있는 행위 자체가 나쁘다고 생각하지 않습니다. 오히려 아무 것도 안 하는 것보다는 바람직한 일이라고 생각합니다. 그리고 우리가 흔히 말하는 마약 중독과 같은 중독과 게임은 많이 다릅니다. 게임 중독이라는 지표가 제대로 있지 않은 상황에서 그저 자극적인 단어로 인해 염려스러울 수 있겠지만, 실제로 심각한 문제가 있는 경우는 거의 없다고 생각합니다. 박지성은 축구에 중독되었고, 김연아는 피겨만 생각하고 자랐다고 합니다. 아이들이 무언가에 집중할 때 오히려 격려해주고 기회를 주고 스스로 판단하도록 이끌어주는 것이 가장 중요하지 않을까 생각합니다.

이 질문에 대한 근본적인 문제는 '어디에 중독되었나?'가 아니고, '왜 중독인 것처럼 보이는 현상이 발생했나?'라고 생각합니다. 〈브루스 알렉산더의 행복한 쥐 실험〉을 보면, 열악한 환경에서 외롭게 생활하는 집단과 안락한 환경에서 다른 쥐들과 뛰놀며 생활하는 집단, 두 집단은 중독성이 강한 약물에 대하여 완전히 다른 결과를 보입니다. 스트레스를 많이 받는 쥐는 마약에 쉽게 빠져들고 행복한 쥐는 마약을 찾지 않습니다. 이와 같이 아이들이 염려스럽고 걱정된다면, 단란한 가정과 즐거운 학교생활을 통해 일상생활에서 행복감을 느낄 수 있게끔 해주는 것이 가장 중요하다고 생각합니다."

상담을 하면서 아이의 흥미와 적성은 고려하지 않고 단지 게임과 관계된 일이라 하여 무조건 "안 돼."라고 선을 그어버리는 부모님들을 의외로 많이 보곤 했어요. 게임이 직업으로 연결될 수 있다는 걸 모르셔서 불안해하는 거라고 생각해요.

"아이와 부모님이 계속하여 소통하는 것이 가장 중요합니다. 아이의 생각에 공감하면서 막연한 꿈을 현실로 만들 수 있도록 믿음을 주고 지지해주는 것이 가장 바람직하다고 생각합니다. 게임에 관련된 일은 생각보다 훨씬 다양합니다. 게임 제작에 대한 것일 수도, 그저 방송국에서 일을 하고 싶은 것일 수도 있습니다. 무엇보다 먼저 아이의 생각을 들어보고 본인이 판단할 수 있게 이끌어준다면, 그것이 실현 가능한 것인지 아닌지 아이 스스로 결정할 것입니다.

또한 아이들이 어떤 것을 하고 싶은지 본인이 깨달을 수 있도록 이끌어주어 자신이 선택한 길에 몰두하여 성공하도록 방향을 잡아주는 것을 추천드립니다. 다음 세대로 가면서 단순 학벌이 아닌 자신만이 가진 기술의 전문성이 점점 더 중요해지고 있습니다. 아이들이 갖고 있는 무한한 가능성을 열어줄 수 있도록, "무조건 하지 마."라는 말을 가장 조심해주셨으면 합니다."

K-POP으로 대표되는 한국의 각종 콘텐츠가 세계에서 환영받고 있는데요, 사실 게임이야 말로 '한류'라 부를 수 있는 첫 번째 주인공이었죠. 선생님은 '게임한류'에 대해 관심이 많고, 최근엔 중국에서도 활발히 활동 중이시죠? 국내 프로 게이머들이 세계무대에서 놀라운 활약을 펼치고 있다는데, 외국에서의 '한국게임', '한국게이머'에 대한 인식은 어떤가요?

"게임한류라고 하면 크게 게임 개발, e-스포츠 두 가지로 나눌 수 있습니다. 한국 콘텐츠진흥원이 매년 발간하는 〈게임산업백서〉를 보면 한국 게임 산업은 한국 전체 콘텐츠 수출 비중의 56%를 차지하고 있습니다. 흔히 아는 K-POP, 드라마, 영화, 도서 등을 모두 합한 것보다 더 큰 비중을 차지하고 있습니다. 하지만 전 세계의 게임 시장 규모는 더욱 빠르게 성장하고 있어 국가 차원에서의 보다 큰 노력이 필요하지 않나 생각합니다. e-스포츠에 대한 것은 LOL이란 게임을 통하여 엿볼 수 있습니다. 이 게임은 매년 축구의 월드컵과 같은 '롤드컵'을 개최하는데, 2013년 이후 4년 연속 한국이 우승을 하고 있습니다. 더불어 한국 선수와 코치진은 세계 최고로 자리매김하고 있습니다."

요즘과 같은 '게임 세계화'의 동향이 게임 관련 직업을 갖고 싶어 하는 우리 아이들에게 어떤 비전을 제시해 줄 수 있을까요?

"예전과는 다르게, 좋은 아이디어를 전 세계 어디라도 전달할 수 있는 파급력은 어마어마하게 커졌습니다. 스스로 즐길 수 있는 분야에서 일한다는 것은 행복한 일입니다. 그만큼 더 많은 노력이 필요하다는 것만 명심한다면, 빠르게 변화하고 성장하는 시대 속에서 남들보다 한 발짝 앞서갈 수 있을 것입니다. 그 중에서도 게임이란 분야는 여타 직업군에 비해 폭발적인 성장이 가능한 업종입니다. 때문에 게임을 좋아하는 모든 이들이 자신의 미래를 걸고 도전할 만한 가치가 충분하다고 믿습니다."

외국에서는 '게임하는 아이'에 대한 어른들의 인식이 어떤지 궁금해요. '게임 중독'으로 분류하는 우리나라처럼 심각한 사회적 문제로 인식하는지, 또 그들만의 대처법이 있는지도 알려주세요.

"유럽과 미국은 아이들의 취미 생활에 대하여 한국이나 중국만큼 심각하게 염려하지는 않습니다. 자신이 좋아하는 것을 잘할 수 있도록 옆에서 지켜보고 도와주는 정도입니다. 또한 '게임 중독'이란 단어의 정의 자체가 존재하지 않기 때문에 사회문제 역시 성립될 수가 없습니다. 중국은 오히려 한국의 예전 모습과 비슷합니다. 아이가 게임을 못하도록 극단적으로 막는다거나 하는 방법도 제법 볼 수 있습니다. 하지만 해결하지 못하고 있죠. 앞선 질문의 행복한 쥐 실험과 다시 연결되는 부분이라 생각합니다. 원인을 아이에게서 찾지 말고, 부모와 가정, 그리고 사회에서 우선적으로 개선하지 못한다면 허공에 노 젓는 꼴과 다름이 없다고 생각합니다. 다만 올바른 지도를 위하여 아이들의 눈높이에서 소통하여 천천히 접점을 찾아가는 것이 현재로선 가장 합리적인 방법이라 생각합니다."

'게임에 빠진 아이'의 부모님께 한 말씀 부탁드려요.

"박찬호는 야구 중독, 박지성은 축구 중독, 김연아는 피겨 중독……. 이것과 다름없는 질문이라 생각합니다. e-스포츠 안에는 다양한 직업군이 존재하고, 프로 의식을 가지고 명확하게 자신의 일을 찾아 가는 것은 올바른 현상이라고 생각합니다.

근본적으로 사회 전반에 걸친 인식이나 환경 등 여러 가지가 바뀌어야 하겠지만 당장 부모님들이 할 수 있는 것은 아이들과의 소통입니다. 아이들이 어른의 생각에 맞추는 것은 적지 않은 노력을 요구하지만 어른들이 아이와 공감하는 것은 상대적으로 쉽습니다. 부모님의 이런 노력이 가장 필요하지 않을까 생각합니다. 시간을 내어 '행복한 쥐' 실험에 대한 내용을 보시면서 소통의 중요함을 한 번 더 생각하는 시간을 가져보시기 바랍니다."

게임하는 아이, 게임과 삶의 균형 맞추기

한창 게임의 열기로 후끈한 PC방 교실에 프로 선수들이 들어서면 아이들의 얼굴에선 환호성과 감탄이 끊이지 않는다. 그리고 그 모습을 지켜보는 ESC EVER 프로팀의 구단주이신 송성창 선생님의 얼굴에도 뿌듯한 미소가 번진다.

미국의 명문대학교인 UCLA를 졸업하고 미국, 호주 등에서 금융업계에 종사하다가 e-스포츠 세계에 관심을 가지고 ESC(이스포츠커넥티드) 회사를 설립하여 새로운 세계에 도전 중인 송 선생님은 교육에 무척 관심이 많은 분이다. e-스포츠의 인재발굴을 위해 교육의 필요성을 강조하는 선생님은 게임을 좋아하는 아이들을 '공부를 포기한 아이'로 보지 말고 '게임 분야를 꿈꾸는 아이'로 여기고 가르쳐야 한다고 말씀하신다. 때문에 송 선생님께는 앞 장에서 다루었던 '게임하는 아이의 부모님이 궁금해하는 질문'들을 동일하게 여쭤보았다.

송성창

이스포츠커넥티드 대표이사를 맡고 있습니다. 게임/이스포츠 문화 연구소로 출발하여, 현재는 프로 게임단을 운영하면서 게이머를 위한 유학 프로그램 진행과 SNS 서비스 개발 등으로 사업을 확장하고 있습니다.

새벽까지 게임만 하는 우리 아이 게임 중독 아닌가요? '게임 중독'에 대해 어떻게 생각하시나요?

"당연히 '중독'의 정의에 따라 판단이 달라질 수 있겠지만, 그저 게임에 집중하는 현상만으로 중독이라 단정 짓기에는 그 근거가 충분하지 않다고 생각합니다.

게임 중독으로 판단하기에 앞서, 한 가지 일에 몰입한다는 관점에서 '게임'을 '영화감상'과 같이 밤잠을 대신하는 활동으로 치환해서 생각해 보면 어떨까요? 게임은 스토리텔링과 전개 과정, 조작에 대한 반응과 그래픽의 효과성 등이 검증된 종합예술의 하나입니다. 게임의 작품성에 대하여 아이가 비판적인 의견을 표현할 수 있다면 그에 대한 이해를 바탕으로 아이가 게임으로부터 영감을 받고 그것을 개발할 수 있을 것입니다.

혹은 '게임'을 '악기연습'과 비교할 수도 있습니다. 게임 내의 테크닉 향상과 메타의 이해, 캐릭터의 상성 분석과 같이 고도의 플레이를 위한 연습의 목적이라면, 이 또한 프로 게이머나 프로 연주자와 같이 예능 분야의 장인에게 공통적으로 나타나는 현상으로 이해할 수 있습니다. 또한 게임 산업과 그 근간에 있는 콘텐츠 산업, 미디어 산업은 위의 과정을 통하여 형성되는 인재가 활약할 수 있는 각광받는 사업군이기도 합니다.

게임 중독으로 판정하기 전에 게임플레이의 목적성 여부와, 자의로 종료 시간을 정할 수 있는지 등을 유도해 보거나 관찰하면 좋을 듯합니다."

아이가 예전에 착했는데 게임을 하면서 폭력적으로 반항을 해요. 정말 게임 때문일까요?

"게임뿐 아니라 영화, 책 등이 아이들에게 줄 수 있는 영향을 일반화해서 설명하기는 쉽지 않겠지만, 아이의 성격 형성에 있어서 영향을 줄 수 있는 외부 자극 중 하나인 것은 맞습니다. 보통 폭력성이나 반항은 시기의 차이는 있으나 아이의 성장과 함께 자연스럽게 형성되는 내면이며 이것은 억지로 막아야 하는 대상이 아닙니다. 중요한 것은 아이가 본인에게 형성되는 이러한 내면을 이해하고 통제하며, 더 나아가 타인의 그러한 부분을 공감할 수 있는 성숙한 자아를 함께 길러낼 수 있도록 하는 것입니다.

물론 게임 문화의 도입으로 예전 세대에 비해 게임을 통해 폭력적인 정서를 보다 어린 나이에 접하게 되는 부분도 있습니다. 하지만 이것은 세대 간의 문화적 환경의 차이로 발생하는 사회적 현상으로 보아야 하지 않을까요? 이로부터 내 아이만 고립시키기는 쉬운 일이 아닐 뿐더러, 이에 대한 관심과 지도 역시 신세대 부모님들의 새로운 역할일 것입니다. 먼저 아이가 하는 게임을 지켜보세요. 게임마다 폭력과 잔인한 화면 연출 등을 기준으로 연령 제한을 두고 있습니다. 아이가 플레이 하는 게임에 대한 이해를 바탕으로 올바른 조언과 지도를 병행해주기 바랍니다."

공부도 안하고 성적이 바닥으로 떨어졌는데 게임 때문인 것 같아요.

"게임은 플레이어가 짧은 시간에 자연스럽게 몰입할 수 있도록 설계

되어 있어 아이들이 별도의 몰입과정 없이 몰입의 즐거움을 경험할 수 있습니다. 공부 또한 몰입의 즐거움은 경험할 수 있지만 그 과정이 길고 자기 주도형이므로 게임에 비하여 아이들이 다가가기에 쉽지 않습니다. 물론 제한된 시간을 게임에 사용하면 상대적으로 공부에 할애할 시간이 적어지는 것도 사실입니다. 그러나 당연한 논리겠지만, 게임을 제한한다면 그저 게임 플레이 시간이 줄어드는 것뿐, 그것이 무조건 공부로 이어지는 것은 아닙니다. 따라서 오히려 게임에 있는 몰입유도와 성취적 속성을 이해하고 학업 정진을 유도하는 데 활용하는 지혜가 필요합니다."

집에서 게임만 하고 밖에 나가 놀지 않아 사회성이 떨어질까봐 걱정이에요.

"게임은 사회적 문화 현상이고, 더 나아가 최근 인기 게임들은 PVP라고 하여 다른 플레이어들과 함께 플레이하는 방식입니다. 따라서 게임을 하는 것은 이미 사회적 활동이며 이를 통하여 사회성이 오히려 빠르게 형성되는 경우가 많습니다. 이러한 현상은 국내외 게임 관련 온라인 커뮤니티에서 흔히 관찰됩니다. 하지만 주의할 부분은 이 사회적 활동이 '온라인', '게이머,' '인터넷 익명성' 등의 속성을 공통적으로 갖고 있어서 다양한 주제성을 가진 사회적 활동을 유도하여 균형 잡힌 사회성을 형성하도록 부모님이 관심을 기울일 필요가 있습니다. 그리고 아이가 집에서 혼자 게임을 한다면 왜 '혼자'인지 어떻게 혼자가 아닐 수 있을지를 각자의 가정환경에서 고민해보면 좋을 듯합니다."

집에서 게임을 해도 되는데 PC방에 몰래 가고 안 간다고 거짓말을 해요. 거짓말의 이유는 뻔할 것 같아요. 이 문제를 어떻게 풀면 좋을까요?

"아이가 거짓말을 하는 것은 부모와의 갈등을 시사하고, 이런 갈등은 부모의 노력 없이 '거짓말은 무조건 하면 안 돼'라는 당위성만으로 풀 수는 없습니다. 일단 PC방에 직접 가서 며칠만 경험해 보세요. 게임도 해보고 주변의 아이 또래들이 어떤 경험을 하는지 관찰하고 이해해 보세요. 자, 이제 아이가 거짓말을 하지 않을 경우의 수는 두 가지입니다. 아이가 실제로 가지 않고 안 간다고 하거나 아이가 PC방에 가고 간다고 하는 경우입니다. 두 가지 중 어느 쪽을 택하든 부모님은 PC방에서의 본인의 경험과 이해를 바탕으로 대화를 통해 아이를 지도해 보세요."

게임을 하면서 욕을 하거나 거친 언어를 배우는 것 같아요. 게임을 하면 아이들뿐 아니라 성인도 욕을 많이 하는 경향이 있다는데, 사실이 맞나요? 어떻게 하면 조절할 수 있을까요?

"현대 아이들은 게임뿐 아니라 인터넷을 통한 정보 노출을 차단할 수 없으며, 온라인 게임과 인터넷 문화 속에서 욕이나 거친 언어를 배우게 되는 경우도 많습니다. 또한 거친 언어를 배우는 대상은 어른으로부터 직접 배우기보다 그런 언어를 쓰는 또래로부터 배우는 경우가 더 빈번합니다. 저희가 임상적으로 실험해 본 결과 가장 효과적인 방법은 거친 언어를 스스로 조절할 수 있는 환경을 조성하는 것입니다. 예를 들어, 컴퓨터를 거실에 두어 게임을 플레이하는 아이가 본인의 감정을 조절할 수 있도록 유도하는 것 등입니다. 이런 현상은 아이들뿐 아니라 어른들에게도 흔히 보이는데요, 혼자서 운전할 때 고립된 공간에서 더욱 폭력적인 언어를 쓰는 것도 같은 맥락입니다."

게임할 때면 학원 갈 시간도 잊어버리고 시간조절을 전혀 못하는데 이럴 땐 어떡하죠? 시간조절, 내 할 일을 하면서 게임을 한다는 건 정말 힘든 것 같은데 스스로 조절이 가능한가요? 시간조절 방법은 어떤 게 있나요?

"먼저 선행되어야 하는 것은 부모님의 게임에 대한 이해입니다. 게임은 단계적 성취도가 분명하고 게임 내에서 그 성취를 이루는 중간에 그저 시간을 기준으로 그만두게 하는 것은 게임의 속성을 이해하지 못하는 데서 나오는 발상입니다. 따라서 다른 활동을 위해 게임의 시작과 끝을 제시할 때에는 게임 내의 성취를 기준으로 시간을 거꾸로 계산하여 지도하는 것이 효과적입니다. 먼저 아이가 하는 게임이 한 판(회)을 끝내는 데 몇 분 걸리는지 지켜보세요. 예를 들어 저녁식사 시간이 한 시간 남았고 게임 한 판에 30분 정도가 소요된다면 2판만 하도록 아이가 스스로 정하게 하고 실천하게끔 유도해보세요."

꿈이 뭐냐고 하면 '몰라' '없어' 짧게 대답하는데 아무 생각 없어 보여요. 아이들은 정말 아무 생각 없이 게임만 하는 걸까요?

"아이들이 꿈을 말하지 못하는 원인을 게임으로 한정하는 것은 부적절합니다. 아이들이 직면하는 현실은 대학 입시 교육이고 입시 교육은 아이들에게 원대하거나 상세한 꿈을 가르치지 않습니다. 오히려 명문대 진학과 전공이라는 틀로 꿈을 제한하고 재단하죠. 예를 들어, 아이가 만약 의학박사로서 난치병 치료의 꿈을 말했을 때 어른들은 아이의 성적을 먼저 떠올릴 것입니다. 또한 아이들은 자신의 직간접 체험에서 꿈의 싹을 틔우게 되지 스스로 창조해 내지 않습니다. 따라서 부모님은 아이가 꿈을 형성할 수 있는 소재를 제공해 주어야 합니다. 예로 아이가 자동차에 대한 꿈을 키운다면 그것은 그 아이가 자동차의 형태나 기계의 메커니즘에 대한 사전 지식이 있고 자동차를 타보는 체험을 소재로 갖고 있기 때문입니다.

　이러한 개념의 연장선에서 게임 또한 아이들의 꿈의 소재를 충분히 갖고 있습니다. 단지 많은 경우 아이와 부모 양쪽 다 그것을 인지하지 못하는 것입니다. 예를 들면 블라자드사의 월드오브워크래프트(WOW) 게임은 서사시와 같은 세계관을 바탕으로 그 안의 주인공들의 이야기가 소설과도 같고 영화로도 각색되었습니다. 또한 슈퍼셀사의 클래시로얄의 경우 정교한 밸런스와 낮은 하드웨어/인터넷 사양으로 스마트폰에서 충분히 구동될 수 있도록 고도의 컴퓨터 공학적 노하우가 녹아 있습니다. 이런 요소들을 뿌리로 삼아 관련 주제의 가지를 키워가면서 지적인 자극과 영감을 주면 아이들이 좋아하는 게임을 매개로 하여 꿈을 키울 수 있는 기회는 얼마든지 있고, 나아가 아이들이 단순 게임 상품의 말단 소비자에서 사회 효용의 생산자로서 성장할 수 있는 발판이 될 것입니다."

게임을 하면서 방에 들어가면 나오지 않고 가족끼리도 대화가 없어졌어요. 가족끼리의 대화는 게임 때문에 없어진 걸까요? 게임하는 아이들과의 대화법이나 대화를 위한 방법은 뭐가 있을까요?

　"아이가 게임을 하면서 가족의 대화가 없어진 것보다 게임을 계기로 대화가 없어진 다른 이유가 있지 않을까 생각이 됩니다. 부모님이 아이가 게임을 하는 방에 책 한 권을 가지고 들어가 옆에서 독서하며 같은 공간에 있으면 대화가 어떤 식으로든 가능할 테니까요. 곁에서 게임 내용이나 게임하는 아이를 관찰하면서 게임을 대상으로 대화를 이끌어보세요. 게임에 빠져있는 아이들에게 가장 흥미로운 주제는 게임일테고 게임 내의 성취도에 대하여 인정받고 싶은 심리는 모든 게이머에게 공통적으로 발견됩니다. 부모님이 게임을 이해하고 그에 대한 화제를 공유한다면 오히려 아이가 더 대화를 즐기게 될 겁니다."

게임하는 아이에게 '시간제한'을 하거나 '컴퓨터 금지령'을 내리는데 효과가 있나요? 이렇게 하는 게 옳은 걸까요?

"아이가 게임에 쓰는 시간을 조절하는 데 있어서 가장 중요한 것은 본인의 의지입니다. 부모님이 가하는 통제는 장기적인 해결책이 되지 못하기 때문에 스스로 게임에 대한 통제력을 기르도록 유도해야 합니다. 이를 위해서 필수적인 것이 공감대 형성입니다. 공감대 형성을 통하여 부모님으로부터 관심과 사랑을 받고 있고 자신을 위하여 노력하고자 하는 엄마, 아빠의 마음을 아이가 이해한다면 시간제한뿐 아니라 게임금지령, 공개적 컴퓨터 사용 등 어떤 방법을 취하든 긍정적인 효과가 있을 것입니다."

게임하는 아이에게 절대 하면 안 되는 말이나 행동은 뭔가요?

"일반적으로 아이들에게 독이 되는 말이나 행동은 무시와 비교입니다. 자아를 형성하는 과정에서 생기는 본인의 모습을 무시하거나 타인과 비교하여 비판하는 것은 그 강도에 따라 반발심이나 상실감을 야기할 수 있습니다. 게임하는 아이들에게 게임은 본인의 일상의 일부이거나 나아가 자신의 정체성의 일부이기도 합니다. 같은 맥락에서, 이러한 부분을 무시하거나 비교하여 폄하하는 것은 자기 자신에 대한 무시나 폄하로 받아들일 수 있습니다. 예를 들어 친구들 사이에서 인정받는 게임의 랭킹을 올리기 위한 대전 게임 진행 중에 갑자기 PC의 전원을 내리는 식의 행동은 아이 본인에게 중요한 가치를 침해받는 것으로 받아들이게 됩니다. 입장을 조금만 바꿔 어른의 경우라 하더라도, 이러한 행동은 상대에 대한 존중이 결여된 표현이지 않을까요?"

폭력적이고 무서운 게임을 하는 것 같은데 이럴 땐 어떻게 해야 하나요?

"게임은 영화와 마찬가지로 연령 등급 관리 대상입니다. 따라서 아이의 나이에 맞지 않게 과도한 자극성이 있는 게임을 하지 않도록 부모님의 지도가 필요합니다. 한번 자극적인 게임에 노출된 경우 아이들은 계속 호기심을 보이게 되는데, 다음 두 가지 접근법이 유효합니다. ① 연령대에 맞도록 개발된 게임을 추천하여 유해한 게임을 하지 않도록 대안을 제시합니다. ② 해당 게임 개발/유통사로 문의하여 아이의 게임 계정을 회수 및 관리하도록 합니다. 이 경우 아이가 나이 제한을 회피하기 위하여 부모님의 개인정보를 이용하여 계정을 생성한 사례가 많으므로 이에 대한 주의를 기울일 필요가 있습니다."

아이들이 이렇게까지 게임을 좋아하는 이유가 뭔가요?

"부모님이 게임을 즐겨본 경험 없이 아이가 게임을 좋아하는 요인을 완전히 인식하기는 어렵습니다. 또한 아이가 게임을 좋아하는 이유는 가정환경과 상황에 따라 다릅니다. 그러나 공통적으로 발견되는 이유는 몰입의 즐거움입니다.

게임은 게이머가 본인의 수준에 맞게 간신히 해결할 수 있는 문제를 제시하고 이것을 게이머가 해결하게 함으로써 성취욕을 만족시켜 줍니다. 이 과정에서 시각적, 청각적 효과를 통하여 자연스럽고 쉽게 몰입할 수 있고, 몰입 후 이루어낸 성취는 큰 정신적 만족감을 제시합니다. 이러한 만족감이 또래집단에서 공유되는 사회성과 몰입의 즐거움을 경험하지 못한 채 오히려 스트레스만 주는 입시교육의 반사작용에 의해 배가되어 더욱 게임을 좋아하게 만드는 듯합니다."

게임을 하지 말라고 하면 대신 무얼 해야 할지 모른다고 하는데 이럴 땐 어떻게 하나요?

"게임 대신 무엇을 할지 모른다고 하는 아이는 이미 게임이 일상의 일부가 된 경우가 많습니다. 그 일상을 떼어내고 채워 넣을 다른 활동이 무엇인지 알지 못하는 상황이고요. 부모님들도 대체재를 명확히 제시하지 못하는 경우가 많은데, 추천하고 싶은 방법은 게임에 대한 흥미를 자연스럽게 연결시킨 대안 활동입니다. 예를 들어 게임 제작에 대한 주제로 유인하여 프로그램 코딩에 대한 흥미를 일으킨 후 관련 교육을 진행하거나, 게임 전적에 대한 주제를 자연스럽게 통계학 측면으로 연결하여 아이의 수준에 맞는 관련 책을 권할 수 있습니다. 최근 인기를 끌고 있는 게임들이 아이들에게 제공하는 게임 내 전적 및 통계 데이터의 수준을 보시면 아마 놀라실 겁니다. 반대로 아이들은 이러한 데이터를 보고 분석하는 일이 게임의 일부로써 익숙하기 때문에 이것을 교육적 측면으로 연결시킨다면 큰 효과를 낼 수 있습니다."

게임을 하는 아이들이 똑똑하다는 새로운 뉴스가 있는데 정말 그런가요? 게임과 아이들의 똑똑함과의 관계는 게임의 어떤 점 때문일까요?

"위에서 말씀 드린 바와 같이 게임은 아이들로 하여금 지속적으로 더 높은 수준의 플레이 기술과 시나리오에 대한 이해력을 요구하고, 아이들은 이를 달성함으로써 성취감을 맛보도록 설계되어 있습니다. 이것이 다른 게이머를 상대로 플레이하는 PVP 게임인 경우 상대 플레이어의 스킬과 이해력을 능가하고자 하는 욕구를 갖게 됩니다. 동시에 게임은 플레이어를 한정된 자원으로 원하는 목적을 이뤄야 하는 상황에 처하게 하는데, 이를 통하여 아이는 자원 분배를 통한 최적화를 만들어 내게 됩니다. 저도 대학교에서 경제학을 전공했는데, 결국 자원의 분배와 효용의 극대화가 경제학의 최종 목적이거든요. 아이들은 게임을 통해 이러한 원리를 깨닫고 나아가 상대방의 행동 유추, 전적 및 게임 메타 분석, 고도의 플레이를 위한 사례 리서치를 자연스럽게 경험하게 됩니다. 하지만 이러한 지적 활동은 해당 게임의 세계관으로 한정되기 때문에 이것을 일반적인 학습이나 사회활동으로 연계시킬 수 있는 지혜를 부모님이 지도할 필요가 있습니다."

게임에 관련된 직업을 갖고 싶다고 하는데 이럴 땐 어떻게 해줘야 하나요?

"게임에 관련된 직업을 부모님이 인지하지 못하고 계시다면 이해도를 높이기 위해 분야별 리서치를 우선적으로 권해드리고 싶습니다. 내 아이에게 최고의 선생님인 부모님이 먼저 알고 이해하셔야 지도가 가능할 테니까요. 게임에 관련된 분야는 크게 게임개발/유통과 e-스포츠 영역으로 나눌 수가 있는데, 아이와 함께 게임개발사 견학이나 e-스포츠 경기 관람을 통하여 해당 산업에서 실제로 종사하시는 분들이 일하는 모습을 보면 직업관 형성에 큰 도움이 될 것입니다."

게임의 좋은 점과 나쁜 점은 무엇일까요? 지금도 어디선가 게임에 푹 빠져 있는 아이들에게 한 말씀 해주시겠어요?

"게임의 장·단점은 아이가 게임을 어떻게 인지하는지에 따라 다릅니다. 학습이나 환경에 대한 도피처로 빠져드는 아이라면 게임이 일시적으로 스트레스에서 벗어날 수 있는 창구 역할을 할 수 있습니다. 그러나 게임이 궁극적으로 해결책이 아니란 것을 깨닫고 게임이 아닌 다른 방법으로 변화를 모색해야 하고 혼자서 어렵다면 부모님이나 주변에 상담 대상을 찾아서 상담해 보는 것을 권합니다. 만약 진로를 고려할 만큼 열정이 있는 경우라면 프로 게이머와 프로 게이머가 아닌 직종으로 구분할 수 있고, 프로 게이머의 경우에는 비교적 본인의 커리어를 개발할 수 있는 장점과 그 커리어의 지속성에 대한 단점을 고려해야 합니다. 프로 게이머가 아닌 게임 관련 직종에 흥미가 있다면 게임에 빠져 있다는 점이 장점으로 작용할 수 있으나 반면 대학 진학과 어학 능력 배양에 대한 부담을 감수해야 합니다. 참고로 현재 가장 인기가 높은 리그오브레전드(LOL) 게임의 제작사인 라이엇게임즈는 포춘지(fortune)가 선정한 '가장 일하기 좋은 직장'의 글로벌 상위권에 랭크되어 있는데, 직원고용시 게임을 얼마나 좋아하고 또 많이 하는지를 중요한 요건으로 삼고 있습니다."

'게임에 빠진 아이'의 부모님께 한 말씀 부탁드려요.

"e-스포츠는 게임에 빠진 아이들뿐 아니라 게임에 열정이 있는 대학생 및 취업 준비생들이 꿈을 키우고 종사할 수 있는 글로벌 산업으로 성장하고 있습니다. 오히려 아이들을 포함한 게임의 소비자군을 생산자계층으로 유입시킬 수 있는 사회적 대안으로써 기능을 하고 있으니 반가워해야 할 일입니다. 하지만 e-스포츠 산업의 성숙도가 상승함에 따라 단지 게임에 빠져 있다고 해서 누구나 참여할 수 있는 영역이 아닌, 점점 프로 게이머를 포함하여 전문가를 원하는 산업으로 전환되고 있습니다. 따라서 부모님들은 아이들이 게임과 e-스포츠에 대한 열정이 생산적인 방향으로 전환될 수 있도록 지도해 주실 필요가 있습니다. 다시 말해 아이들이 성장하여 e-스포츠 산업의 주체로 자라날 수 있도록 방향성을 제시하면서 이를 위하여 결국 학업 병행과 외국어 습득의 중요성을 일깨워 주어야 합니다. 하지만 e-스포츠가 아이의 진로의 대상이 아니라 팬의 입장에서 머무르는 정도라면 건전한 취미 생활로 즐길 수 있도록 올바른 지도와 방향 제시가 필요할 것입니다."

게임하는 아이, 게임으로 자존감 찾기

"게임과 공부가 친해질 수 있을까?" 주반석 선생님은 이 물음에 대한 해답을 구하고자 시작한 〈게임 과몰입 치유 및 재능개발 프로그램〉의 조력자로서, 구상 단계부터 함께하신 분이다. 아현산업정보학교에서 학생들의 상담을 맡은 주 선생님은 앞선 두 분과는 다른 '게임 비전문가'이다. 때문에 수업시간에 게임을 잘 못한다며 아이들의 구박 아닌 구박을 받곤 하지만, 어찌 보면 부모님과도 같은, 지극히 '일반인'의 시선으로 아이들을 지도하며 이끌어 주신다. 주 선생님은 아이들의 정서와 심리상태를 누구보다 잘 이해하는 분이기에 수업을 통해 겪었던 전반적인 행동 변화에 중점을 두어 이야기를 들어보았다.

주반석

아현산업정보학교 진로상담부 wee클래스 소속 전문상담사입니다. 청소년의 대인관계, 진로진학, 성격, 가정환경 상담을 주로 맡고 있고, 게임에 과몰입 된 청소년들을 프로그램을 통해 만나고 있습니다.

선생님은 그다지 게임을 즐기지 않는다고 들었어요. 우리 프로그램에 참여하기 전에는 '게임하는 아이' 혹은 '게임'에 대해 어떤 생각을 갖고 계셨나요? 그리고 프로그램을 진행하면서 생각에 어떤 변화가 있었나요?

"'게임' 그 자체와 '게임을 하는 아이가 어떻다.'라고 단순하게 이야기할 수는 없을 것 같아요. 그래서 게임을 즐기고 있는 아이를 '이 아이는 게임을 하니까 어떠할 것이다.'라고 생각하고 접근하는 것을 스스로 경계하고 있어요.

게임하는 친구들에게는 여러 가지 측면에서 접근해 보아야 합니다. 게임을 함으로 인해 아이들의 자아존중감, 자기효능감, 자기통제력, 그리고 자아정체성이 어떻게 변화되었는지 점검해 보는 일은 굉장히 중요해요. 프로그램과 상담을 통해 그들이 어떤 상황 속에 있다는 것을 면밀히 알고, 민감하게 조력할 수 있어야 합니다. 그리고 아이들의 문제행동에는 게임 과몰입이 얼마나, 어떻게 영향을 미치고 있는지, 즉 공격성과 불안, 비행(사이버 비행), 스트레스, 우울, 충동성 그리고 학교에서의 적응 등을 확인해 볼 필요가 있습니다. 이러한 측면에서 〈게임 과몰입 치유 및 재능개발 프로그램〉과 상담은 아이들에게 더욱 심도 있는 접근을 할 수 있게 되는 좋은 계기가 되었다고 생각합니다.

저도 게임을 즐겨했습니다. 카트라이더 게임을 많이 했던 것으로 기억합니다."

우리의 첫 번째 규칙 중 '게임 중에 욕하지 않기'가 있죠? 수업 회차가 늘어나면서 아이들은 누가 지적하지 않아도 스스로 조심하는 모습을 보이곤 하는데요. 이러한 변화처럼 줄곧 아이들을 바로 옆에서 지켜본 선생님이 느끼기에 우리 아이들에게 구체적으로 어떤 태도나 정서 변화가 있었다고 보시나요?

"프로그램을 진행하는 기본적인 규칙에는 프로그램 시간 약속 잘 지키기, 게임 매너 지키기가 있습니다.

쉬고 싶은 휴일인 토요일 아침부터 프로그램에 참여한다는 것은 쉽지 않은 일입니다. 하지만 그것은 우리의 약속임을 이야기합니다. 프로그램 초기에는 지각하는 친구들이 많이 있었지만, 시간 약속에 대해 각 회기를 마칠 때와 주중에 전화, 문자를 활용하여 이야기함으로써, 일찍 와서 정돈된 모습으로 프로그램 시작을 기다리는 변화를 확인할 수 있었습니다.

두 번째로 게임 매너 지키기에는 '게임 중 욕하지 않기', '정해진 시간 동안 게임 플레이 후 컴퓨터 끄기', '앉은 자리 깨끗이 쓰기'가 있습니다. 사이버 비행으로도 분류되는 '게임 중 욕하는 행동'은 프로그램 진행 초기에는 욕으로 채팅을 도배하고, 컴퓨터 채팅창을 넘어서서 소리를 지르는 행동으로 제 귀를 의심할 정도로 심각한 상태였습니다. 또 게임에 푹 빠져 있는 아이들이 (장시간 하지 않았는데) 컴퓨터를 끄는 것은 어렵습니다. 그리고 자신의 자리에서 먹은 간식들을 바닥에 흘리는 것은 물론 키보드 안에 부스러기들이 다 들어가서 곤란한 상황이 생긴 적도 있습니다. 이러한 사소한 매너들을 프로그램 중 이야기를 해주고 느끼게 해줌으로써 매너 있게 게임하고, 정해진 게임 플레이 후 스스로 컴퓨터 종료 버튼 누르고, 자신이 쓴 자리를 정돈하고 일어서는 변화된 모습을 볼 수 있었습니다."

'사소한 스킨십이나 어른들의 믿음이 아이들에게 주는 신뢰감', '좋아하는 것을 할 수 있도록 환경을 제공해 주고 함께해 주었을 때 아이들이 보여주는 열정' 등 우리 프로그램의 내로라하는 자랑거리들이 있는데요, 이런 효과들을 어떻게 생각하세요?

"스스로 실천하는 적극성과 열정으로 몰입하게 하는 추진력은 함께하는 어른들의 신뢰로부터 시작됩니다. 그리고 자신이 하고자 하는 일에 대한 열정을 쏟아 부을 때의 효과는 무궁무진합니다.

아이들은 자신이 하고자 하는 일을 쉽게 포기하지 않습니다. 자신감을 가지고 용기 있게 전진합니다. 즐겁기 때문에 힘들어 하지도 않습니다. 씩씩하게 자신의 인생을 개척해 나갑니다.

어른들의 생각에는 자칫 엉뚱하고 이해가 안 되는 질문과 행동을 끊임없이 할지라도 귀를 기울이고, 또 훈육하기보다 사랑으로 양육한다면, 그것이 아이들이 건강하게 자라나는 원동력이 될 것이라고 생각합니다."

평소 게임 과몰입 혹은 일상생활에 문제가 있는 아이들을 지도하는 선생님만의 노하우가 있다면 알려주세요.

"게임은 이미 아이들의 생활에 일부분을 담당하고 있습니다. 그래서 아이들과 만나기 위해서는 저 역시 아이들이 하는 게임에 관심을 가져야 합니다. 그래야 아이들과 대화를 할 수 있기 때문이죠. 저의 게임 실력이나 레벨은 중요하지 않은 것 같습니다. 아이들과 게임 이야기를 자유자재로 할 수 있으면 충분합니다. 게임이라는 취미 속에서 나누는 대화는 일상생활에서 쓰는 말보다 더욱 풍부한 표현력을 가지고 있고, 아이들 스스로도 한층 여유로운 표정으로 이야기한다는 것을 느낄 수 있습니다. 그리고 이때의 소통은 아이들의 게임 과몰입을 해결하는 열쇠가 되어주고 있습니다."

방승호 선생님의 **마음톡** Talk 심리상담

게임에 빠진 **아이들**